JN067201

著　マーク・フィッシャー
訳　五井健太郎

The Weird and the Eerie

奇妙なものとぞっとするもの
──小説・映画・音楽、文化論集

Mark Fisher

ele-king books

The Weird and the Eerie

This edition published in the UK and USA in 2016 by Repeater Books,
an imprint of Watkins Media Limited
www.repeaterterbooks.com
Japanese translation rights arranged with Watkins Media Limited, London,
through Tuttle-Mori Agency, Inc., Tokyo

This Japanese edition published in 2022
by P-Vine, Inc., Tokyo

凡例

〔 〕は訳注を、＊は編注を示す。訳注は本文中に、編注はページ下部に記載。
引用にかんして、すでに邦訳のあるものはそれを用いたが、文脈におうじて適宜変更している。

目次

序

奇妙なものとぞっとするもの（不気味なものを超えて） 009

奇妙なもの 021

時空から生じ、時空から切り取られ、時空の彼方にあるもの——ラヴクラフトと奇妙なもの 023
現世的なものに抗する奇妙なもの——H・G・ウェルズ 041
「身体は触手だらけ」、グロテスクなものと奇妙なもの——ザ・フォール 051
ウロボロスの輪にとらえられて——ティム・パワーズ 063
シミュレーションと非世界化——ライナー・ヴェルナー・ファスビンダーとフィリップ・K・ディック 073
カーテンと穴——デヴィッド・リンチ 087

ぞっとするもの　097

ぞっとするものへのアプローチ　099
何もないはずのところにある何か、何かあるはずのところにある無――ダフネ・デュ・モーリアとクリストファー・プリースト　105
消滅していく大地について――M・R・ジェイムズとイーノ　123
ぞっとするタナトス――ナイジェル・ニールとアラン・ガーナー　133
外のものを内へ、内のものを外へ――マーガレット・アトウッドとジョナサン・グレイザー　161
エイリアンの痕跡――スタンリー・キューブリック、アンドレイ・タルコフスキー、クリストファー・ノーラン　181
「……ぞっとするものは残りつづける」――ジョーン・リンジー　201

訳者あとがき　215
参考文献　229
索引　237

たえざるサポートの源であり、無ではなく何かがここに存在する理由である、ゾーイに。

序——奇妙なものとぞっとするもの（不気味なものを超えて）

意外なことだが、奇妙なもの〔the weird〕とぞっとするもの〔the eerie〕を本当に評価するまで、これほど多くの時間がかかってしまった。この本が書かれることになった直接のきっかけこそごく最近の出来事にあるとはいえ、私は物心ついて以来ずっと、奇妙なものとぞっとするものの例に魅惑され、そうしたものたちに取り憑かれてきたというのに。とはいえ私は、この二つの様態をそれとしてはっきり区別していたわけではなく、それらの輪郭を定めるような特徴もまだじゅうぶんに見つけだしてはいなかった。その理由の一端としてはおそらく、奇妙なものやぞっとするものにかんする主な文化的事例が、ホラーやSFといったジャンルの境界に見いだされるからだといえるだろう。そうしたジャンルどうしの結びつきによって、奇妙なものやぞっとするものに特有な何かが、見えづらくなっていたわけである。

奇妙なものは、十年ほど前にロンドン大学ゴールドスミス校で開催された、H・P・ラヴクラフトにかんする二つのシンポジウムの結果として明確になったが、一方でぞっとするものの方は、ジャスティン・バートンと私のコラボレーションによって制作された、二〇一三年のオーディオ・エッセイ『オン・ヴァニッシング・ランド』（＊1）の重要な主題になった。ぞっとするものは、しかるべきかたちでジャスティンと私に這いよってきた。それは想定されていた焦点ではなかったが、プロジェクトが終わるときまでにわれわれは、ずっと自分たちに取り憑いてきた音楽や映画やフィクションの多くが、ぞっとするものという質を備えていることに気づいたのだ。

　奇妙なものとぞっとするものが共通してもっているのは、異様なもの〔the strange〕への関心である。それらにおいて問題になるのは、——はっきりと恐怖を与えるものではなく——なにかしらの異様さなのだ。奇妙なものとぞっとするものが備えている魅力は、われわれは「自分たちを怖がらせるものを楽しむ」のだというような発想によってとらえられるものではない。むしろその魅力は、外部にたいする魅惑と、——すなわち、通常の知覚や認知や経験を超えたところにある何かにたいする魅惑と——関係している。こうした魅惑には通常、ある種の不安が含まれ、おそらくは畏怖の念さえもが含まれる。だが奇妙なものやぞっとするものはかならず人を恐れさせるものなのだというとしたら、それは間違いだろう。私はここで、外部はつねに有益な結果をもたらすものだと主張しているわけではない。そこには十分すぎるほどの恐れ〔terrors〕があるが、しかしそうした恐怖が外部のすべてではないのである。

＊1『オン・ヴァニッシング・ランド』(*On Vanishing Land*) フィッシャーと哲学者ジャスティン・バートンによる、朗読と実験的音響からなるオーディオ・エッセイ。ふたりがサフォークの海岸を歩いたときの感想が語られる。テクスト部分は Robin Mackay (ed.), *When Site Lost the Plot*, Urbanoic, 2015. 収録。音源としてはコード9の主宰するレーベル、ハイパーダブ傘下のフラットラインズより、フィッシャー没後の二〇一九年にリリース。ジョン・フォックスやガゼル・ツイン、バロン・モーダントなど、フィッシャーが論じてきた音楽家たちが参加。タイトルはブライアン・イーノの作品を踏まえている（一一六頁参照）。

私が奇妙なものやぞっとするものに取りかかるのが遅れてしまったことはおそらく、フロイトのいう「ウンハイムリッヒ〔unheimlich〕」という概念が投げかけた呪縛と関係している。よく知られているとおりこの「ウンハイムリッヒ」という語は、不気味なもの〔the uncanny〕という不適切な訳語で英語に訳されてきたが、フロイトがこの語にこめた意味をよりよくとらえているのは、「家庭的でないもの〔the unhomely〕」という語の方である。「ウンハイムリッヒ」なものはしばしば、奇妙なものやぞっとするものと同等なものとして扱われ、じっさいフロイト自身のエッセイも、これらそれぞれの用語を互換性のあるものとして扱っている。だが、フロイトのこの重要なエッセイが影響をもった結果、「ウンハイムリッヒ」なものによって、他の二つの様態が押しのけられてしまうことになってしまった。

「ウンハイムリッヒ」なものについてのこのフロイトのエッセイは、ホラーやSFの研究に強い影響をもちつづけている。だがおそらく、けっきょくのところこうした事態を招いたのは、フロイトによるじっさいの定義よりも、彼の示したためらいや、推測や、彼が否定したテーゼによる部分が大きい。フロイトが示している「ウンハイムリッヒ」なものの例——分身や、人間のように見える機械的存在、あるいは人工器官など——は、たしかにある種の動揺を呼びおこす。だが「ウンハイムリッヒ」なものがもつ謎にたいするフロイトの最終的な解決——すなわち、それは去勢にたいする不安に還元しうるものなのだという主張——は、月並みな探偵が見せる謎にたいする決まりきった解決同様、人を失望させるものである。むしろ終わりなく人を魅惑しつづけているのは、フロイトのエッセイのなかを循環している諸概念の群れであり、それらの概念がしばしば、それらによって言及されているプロセスそれ自体を再帰的に具体化しているというそのあり方の方なのだ。**反復**と**二重化**こそが、——つまり互いを二重化し反復するそれ自体として不気味なこの一対こそが——、フロイトが特定している「不気味な」現象すべての核心にあるように思われる。

　奇妙なものとぞっとするものと「ウンハイムリッヒ」なものが共有する何かが、たしかに存在している。これらはすべて情動だが、同時に様態でもある。それらはフィクションの様態であり、知覚の様態であり、あるいは究極的にいうなら、存在の様態とさえいえるかもしれない。だがだとしてもそれらは、ジャンルとしてあるわけではない。

　おそらく、一方に「ウンハイムリッヒ」なものを置き、他方に奇妙なものとぞっとするものを置いた場合のもっとも大きな違いは、異様なものの取り扱いだろう。フロイトのいう「ウンハイムリッヒ」なものは、慣れ親しんだものの**なかにおける**異様さに、つまり異様な親しみ、異様なものとしての親しみにかかわる。すなわちそれは、家庭内的〔domestic〕な世界がそれ自体と一致しないあり方にかかわるものなのである。フロイトの精神分析に見られるアンビバレンスのすべては、何らかのかたちでこの概念と関係している。じっさいのところそれは、慣れ親しんだもの〔the familiar〕――すなわち家族的なもの〔the familiar〕――を異様なものにすることにかかわるものなのだろうか。それとも、異様なものを慣れ親しんだものに、家族的なものに戻すことにかかわるものなのだろうか。われわれはここに、フロイトの精神分析に本来的に備わった二重の動きを見いだすことができる。まずはじめに、慣れ親しんだものにかんする数多くの一般的な観念が、異様なものにされていく。だがそこにはかならず、そうした動きを相殺するような動きがともない、結果として外部は、近代主義的な家庭のドラマとの関係のなかで読解可能なものに変わっていく。精神分析それ自体は、一つの「ウンハイムリッヒ」なジャンルである。それはその周りをめぐりながらも、けっして十分には認めることも肯定することもできない外部に取り憑かれているのだ。多くの注釈者たちが認めているとおり、「ウンハイムリッヒ」なものについてのエッセイそれ自体が、ヘンリー・ジェイムズ的な信用できない語り手の役割を担うフロイトによって語られる、一つの物語に似ている。だがフロイトが信頼できない語り手だとするなら、かならずしもわれわれは、彼自身の物語はそのエッセイが提案するカテゴリーを踏まえて分類されるべきなのだという前提を受けいれる必要はないはずである。そうではなく代わりに、このエッセイに示されているドラマ全体が、自らが探求している現象を「ウンハイムリッヒ」なものという検討事項の枠内へ絶え間なく押しこめようとするフロイトの試みからなるものなのだと考えてみたら、いったいどうなるだろうか。

奇妙なものやぞっとするものを「ウンハイムリッヒ」なものの一部と見なすことは、外部から世俗的なものへの退却の徴候である。広範に見られる「ウンハイムリッヒ」なものにたいする偏重は、ある種の批判へと向かう衝動に対応するものであり、そしてこの批判はつねに、内部の穴や行き詰まりを介して外部を処理することによって作動する。だが奇妙なものやぞっとするものはこれとは反対の動きをおこなう。すなわちそれらは、外部の視点から内部を見ることを可能にするのだ。これから見ていくように、奇妙なものとは**何にも属していないもの**である。奇妙なものは、慣れ親しんだものにたいして、普通はそれを超えたところにあるものをもたらし、「家庭的なもの〔the homely〕」とは(その否定としてでさえ)一致しえないものをもたらす。奇妙なものにもっとも適した形式はおそらく、──**同じところに属していない二つ以上のもの**を結合する──モンタージュだといえる。だからこそシュルレアリスムのなかでは、奇妙なものにたいする偏重が見られるのだ。彼らは無意識をモンタージュ機械として、奇妙な併置の発生装置として理解している。またたからこそジャック・ラカンは、──シュルレアリスムやその他の美学的モダニズムによって提起された問題に応答しながら──、奇妙な精神分析へと向かいえたのである。じっさいそのなかでは、死の欲動や、夢や、無意識が、あらゆる自然化や家庭的な感覚という鎖から解き放たれている。

一見したところ、ぞっとするものは奇妙なものよりも「ウンハイムリッヒ」なものに近いように見えるかもしれない。だが奇妙なもの同様、ぞっとするものもまた根本的に外部と関係している。そしてこの点でわれわれは、外部を直接的に経験的な意味において理解すると同時に、より抽象的で超越論的な意味においても理解することができるようになる。ぞっとするものの感覚が、何かに取り巻かれ、そこに人が住んでいる家庭内的な空間に染みつくことはめったにない。むしろそれは、部分的に人間がいなくなった風景のなかにこそ容易に見いだされる。これらの廃墟は、この消失は、いったい何があって生じたのか。そこにはいったいどんな存在がかかわっているのか。これほど**ぞっとする鳴き声**を発したのは、いったい何だったのか。以上の例から分かるとおり、ぞっとするものは基本的に、行為主体性（エージェンシー）の問いと結びついている。ここではいったいどんな行為主体（エージェント）が活動しているのか。そもそも行為主体（エージェント）は存在しているのか。こうした問いは、精神分析的な帯域で提起されるものだが——もしわれわれが、自分がそうであると思っているところのものではないとしたら、ではいったいわれわれは何なのか——、同時に資本主義社会を支配する諸力にも当てはまる。資本とは、あらゆるレベルでぞっとする存在である。無から出現した資本は、にもかかわらず実質的なものと見なされる他のどんな存在よりも大きな影響力を発揮している。

　資本の形而上学的なスキャンダルはわれわれを、非物質的なものや非生命的なものにおける行為主体（エージェント）にかんする、より広範な問いへと連れていく。そこにはたとえば、ナイジェル・ニールやアラン・ガーナーといった作者が描く鉱物や風景における行為主体（エージェント）、そして「われわれ」や「われわれ自身」が、非人間的な諸力のもつリズムや、推進力や、パターン化の作用にとらわれているあり方をめぐる問いが含まれる。内部は外部を折りたたんだものとしてしか存在しない。鏡は砕ける、私は一人の他者であり、つねに一人の他者であった。ここでの身震いはぞっとするものの身震いであり、「ウンハイムリッヒ」のそれではない。

「ウンハイムリッヒ」なものがぞっとするものに取って代えられている驚くべき例の一つとして、D・M・トマスによる小説『ホワイト・ホテル』（＊2）が挙げられる。一見したところこの小説は、架空のフロイトの患者「アンナ・G」にかんする擬似的な症例研究のように見える。トマスの描くフロイトがその著書『症例史』のなかで述べるとおり、小説の冒頭に置かれるアンナ・Gの詩は一見したところ、エロティックなヒステリーで飽和しているように見える。フロイトによる解釈は、アンナ・Gの詩がもつ夢幻的な雰囲気を消散させ、現在から過去へ、外部から内部へという説明の方向を確立するように強いる。だがエロティックな要素だと思われたものは、その詩のもっとも強烈な指示対象を不明瞭なものにし、そこから目を逸らすためのものだったことがあきらかになり、そしてその指示対象とは、彼女の過去ではなく彼女の未来のときに、――すなわち一九四一年に起こったバビ・ヤールの

＊2　D・M・トマス（D. M. Thomas）
コーンウォール出身の小説家／詩人（一九三五〜）。プーシキンなどロシア文学の英訳者としても知られる。一九八一年作『ホワイト・ホテル』（出淵博訳、河出書房新社、一九八六年、原著一九八一年）はベストセラーになった代表作で、オペラ歌手アンナ・Gとフロイトとのあいだで交わされる手記の体裁をとる。

大虐殺での彼女の死のときに——見いだされるものであることがあきらかになる。予知や運命という問題はここで、われわれを不穏なかたちでぞっとするもののもとへと連れていく。だが運命は、ぞっとするものと同時に奇妙なものにも属しているのだといわれるかもしれない。『マクベス』に登場し予言をおこなう魔女たちが、にもかかわらず「運命の三女神〔Weird Sisters：直訳では「奇妙な姉妹」〕」として知られていることからも分かるとおり、「奇妙なもの」はその廃れた用法の一つにおいて、「運命」を意味するものなのだ。運命という概念は、通常の知覚とは相容れない時間や因果性のねじれた形式を暗示するかぎりで奇妙なものだが、——運命を織りなしている存在はいったい誰であり何なのかというかたちで——それが行為主体（エージェント）の問いを提起するものであるかぎりで、ぞっとするものでもある。

ぞっとするものは、人が提起しうるなかでもっとも根底的な形而上学的問いに、つまり存在と非存在にかんする問いに関係している。**何もないはずなのに、どうしてここには何かが存在しているのか。何かがあるはずなのに、どうしてここには何も存在していないのか。**何も見ていない死者の眼、当惑した記憶喪失者の眼——打ち棄てられた村やストーン・サークル同様、これらは確実にぞっとするものの感覚を引き起こす。

ここまで見てきたかぎりでもやはりまだ、奇妙なものやぞっとするものは何より、人を苦しめ恐れさせるものと関係しているのだという印象が残ってしまう。そこで最後に、奇妙なものやぞっとするものが、苦しみや恐れとは異なる一連の情動を生みだす例を示してこの前置きを終わりたい。モダニズム的な作品や実験的な作品にはじめて出会うさい、われわれにはしばしばそれらが、奇妙なものに感じられる。奇妙なものに結びついた**間違っている**という感覚——つまり、それは**何にも属していない**のだという確信——はしばしば、われわれが新しいものに立ち会っていることのしるしになる。この点で奇妙なものは、われわれがこれまで用いてきた概念や枠組みが、いまや廃れたものになったのだということを示す信号なのである。異様なものとの出会いが分かりやすく喜ばしいものではないとしても（喜ばしいものとはつねに、すでにある満足の形式を指すものだろう）、かといってそれは、たんに不快なものであるわけでもないのだ。慣れ親しんだものや習慣的なものが時代遅れなものになることを見ることのなかには、一つの喜びが——快楽と苦痛が混ざりあっているという点で、ラカンが享楽（＊3）と呼んだものと共通する何かをもつ喜びが——存在しているのだ。

　ぞっとするものはまた、われわれがいま現在感じている愛着（アタッチメント）からの分離（デタッチメント）を引き起こす。だが、ぞっとするものとともにあるこうした離脱は一般的に、奇妙なものの典型的な特徴であるショックという質を備えるものではない。**ぞっとする静けさ**という表現があるとおり、しばしばぞっとするものと結びつけられる静謐さは、日常の緊急性からの分離と関係している。ぞっとするものという観点は、通俗的な現実を支配していながら、通常ではよく見えな

＊3　享楽（jouissance）　死の危機と隣接する快楽をラカンは享楽と呼んだ。フィッシャーはこれを敷衍し、奇妙なものに援用している（恐ろしいが、魅力的なもの）。二六頁参照。

い諸力に接近することを可能にすると同時に、通俗的な現実を完全に超えた空間へと接近することを可能にする。こうした日常性からの解放こそが、つまり通常現実だと見なされているものの領域からの逃走こそが、ぞっとするものが備えている特殊な魅力を説明するさいの手助けになる。

奇妙なもの

時空から生じ、時空から切り取られ、時空の彼方にあるもの
――ラヴクラフトと奇妙なもの

奇妙なものとは何だろう。何かを奇妙なものだというとき、われわれはいったいどんな種類の感情を指し示しているのだろう。私が論じてみたいのは、奇妙なものとは、特殊な種類の動揺なのだということだ。それはかならず、**何かが間違っている**という感覚をともなう。つまり、奇妙な存在や対象というものは、そんなものは存在するべきではない、あるいは少なくとも、そこに存在するべきではないと感じさせるような異様さをもつものなのである。しかし、そうした存在や対象がじっさいそこに**存在する**のだとしたら、われわれがいまに至るまでこの世界を理解するために用いてきたカテゴリーが、妥当とはいえないものであることになる。けっきょくのところ、奇妙なものは間違っているわけではない。われわれのこれまでの概念形成の方こそが、不適切なものに違いないのだ。

奇妙なものを定義するにあたって、かならずしも辞書の定義が助けになるとはかぎらない。そうした定義はすぐに超自然的なものを引きあいに出す場合が見受けられるが、超自然的な

存在はかならず奇妙なものなのだとする説明は、大いに疑う余地のあるものだ。多くの点で、ブラックホールのような自然現象は、吸血鬼よりも奇妙である。じっさい、さしあたりフィクションの話をするなら、吸血鬼や狼男といった想像物は、それらがもつ総称的な認識可能性そのものによって、奇妙さという感覚を呼び起こす資格を奪われてしまっている。吸血鬼や狼男といったものには、それらを解釈し位置づけるためにすでに確立された伝承の数々が、一群のプロトコルが存在しているのだ。いずれにせよ、そうした想像物はたんに経験的に怪物的なだけであり、その見た目は、われわれがすでに理解している自然界の諸要素の組みあわせからなっている。にもかかわらずそれらが超自然的な存在なのだとしたら、それらがもつ異様さは、自然を超えた領域に帰されるものであることになる。以上をブラックホールと比較してみよう。それが空間と時間を捻じ曲げるさいに見せる突飛さは、完全にわれわれの一般的な経験の外部にあるものだが、にもかかわらずブラックホールは、自然的で物質的な宇宙の**なかに**属している。したがってその宇宙は、われわれの一般的な経験が把握できるよりもずっと異様なものであるに違いないことになる。

H・P・ラヴクラフトのフィクションを触発したのは、まさにこうした種類の直感である。ラヴクラフトは一九二七年、『ウィアード・テイルズ〔怪奇譚〕』誌の発行者にたいし、「私の物語はどれも、一般に知れわたった人間の法や興味や感情は、広大な宇宙全体から見ればばいかなる妥当性も意味ももっていないのだという前提にもとづいています」と書いている。「時間であれ空間であれ次元であれ、真の外在性の本質に辿りつくためには、有機的な生命とか善悪とか愛憎などといったものを忘れなくてはなりません。人類と呼ばれる取るに足らない一時的な種族がもつ、そうした局所的な属性など存在しないのです」。奇妙なものにとって決定的なのは、こうした「真の外在性」という質なのだ。

奇妙なフィクションにかんするあらゆる議論は、ラヴクラフトから開始されなくてはならない。通俗雑誌に発表された物語の数々のなかで、ラヴクラフトは実践的に怪奇譚(ウイアード・テイル)を生みだし、ファンタジーとホラーの双方から区別される一つの定石を発展させていった。ラヴクラフトによる物語は、強迫観念的に外部の問いに固着している。そうした外部は、深い過去からやってくる異常な存在との邂逅や、意識の変容、時間構造の突飛な捻れのなかであらわれる。そうした外部との出会いはしばしば、神経の衰弱や精神障害に行き着くことになる。ラヴクラフトによる物語においては、外部を内部へと破局的なかたちで統合することが頻繁に生じ、その結果として遡行的に、内部とは偽りの包膜であり、見せかけであることがあきらかになっていく。たとえば「インスマスの影」では最終的に、主人公自身が〈深きもの〉という水生のエイリアン的存在であることがあきらかになる。私は〈それ〉であり——さらにいうなら、私は〈彼ら〉なのだ。

ラヴクラフトはしばしばホラー作家だと分類されるが、しかし彼の作品が恐怖の感情を呼び起こすことはめったにない。彼は「怪奇小説（ウィアード・フィクション）の執筆について」という短いエッセイで自らの執筆の動機を述べているが、恐怖について直接的には言及してはいない。代わりに彼は、「驚きや美や冒険的な期待がもたらす、曖昧でとらえがたい断片的な印象」について書いている。つづけてラヴクラフトは、恐怖が強調されるのは、物語が未知なるもの（ジ・アンノウン）に出会うことの結果なのだと述べている。

したがって、ラヴクラフトによる奇妙なものの表現に不可欠なのは、恐怖ではなく**魅惑**なのだ。たいていの場合ある種の戦慄と混ぜあわさっているとはいえ、いずれにせよそれは魅惑に他ならない。しかし魅惑とは、奇妙なものの概念それ自体にとっても不可欠なものだといえるだろう。奇妙なものは嫌悪を感じさせるだけではない。同時にそれは、抗しがたくわれわれの注意を引くものでなくてはならないのだ。したがって、魅惑の要素が物語に完全に不在で、恐怖を感じさせる**だけ**である場合、その物語はもはや奇妙なものとはいえないことになる。ラヴクラフトの登場人物とその読者は、魅惑という情動を分かちあう。脅えや恐れが同じかたちで分かちあわれることはない。ラヴクラフトの登場人物はしばしば脅かされるが、しかしその読者が脅かされることはめったにない。

ラヴクラフトにおける魅惑は、ラカンのいう享楽の一つの形式であり、快楽と苦痛を分かちがたくともなう喜びである。ラヴクラフトのテクストは、あきらかに享楽で泡立っている。ラヴクラフトは「泡立つ〔fioath〕」、「泡を吹く〔foam〕」、「つぎつぎ沸きあがる〔teem〕」といった言葉を頻繁に用いるが、こうした表現は、享楽という「淫らなゼリー」〔obscene jelly：もともとは英文学者トーニャ・ハウ（Tonya Howe）が『惑星ソラリス』についてのあるレクチャーで用いたものだが、それを受け、スラヴォイ・ジジェクが繰りかえし引用している表現〕を表現するさいにも同じように用いることができるものだろう。このようにいうのは、ラヴクラフトには否定性が存在しないのだといった馬鹿げた主張をしたいからではない。激しい嫌悪や唾棄の念は、じっさいのところほとんど隠されていない。むしろ私がいいたいのは、その作品においては、否定性が終着点にはなっていないということだ。「公に認められた」否定的な対象にたいする過度な没頭が見られる場合、そこにはつねに、——いかなる意味でも否定性を「贖う」ものではなく、むしろそれを純化していく喜びの様態である——享楽の働きが指摘できる。いいかえるなら享楽とは、不快感を生みだす平凡な対象を、人を恐れさせるものであると**同時に**魅力的で、リビドー的には肯定的にも否定的にも分類できないものである、一つの〈もの〉に変化させるのだ。〈もの〉は圧倒する。それは包含されえないが、しかし人を魅惑する。

他の何にも増して魅惑こそが、ラヴクラフトのフィクションにおける運命的な展開を駆動させるものであり、この魅惑こそが、彼の本の登場人物たちを、われわれ読者にはつねに予感されている分解や崩壊へと引きよせていく。ラヴクラフトの物語を一つか二つでも読めば、他の作品のなかで何が待ちうけているかは完全に理解される。じっさい、読者がはじめてラヴクラフトの物語に出会ったときでさえ、その展開に大きく驚かされるとはまず思えない。したがって——ホラー同様——サスペンスは、ラヴクラフトのフィクションの決定的な特徴ではないことになる。

　このことは、ラヴクラフトの作品が、ツヴェタン・トドロフの提起した構造主義的な幻想（ファンタジー）の定義に当てはまらないことを意味している。その定義によれば幻想的（ファンタジー）なものとは、（究極的には自然主義的なかたちで解決する物語である）不気味なものと、（超自然的に解決する物語である）驚異的なもののあいだでの宙吊り状態（サスペンション）によって構成されているのだとされる。ラヴクラフトの物語には、「怪奇小説の執筆について」のなかで彼が、「われわれを幽閉するものであり、通常の視覚や分析の範囲を超えた無限の宇宙空間にたいするわれわれの好奇心を邪魔するものである、時間や空間や自然法則を苛立たせるような、いくらかの異様な宙吊り状態（サスペンション）や侵害行為からなる幻想（ファンタジー）」と特徴づけているものが含まれるが、そのなかに超自然的な存在が含まれることを示唆するような点は、まったく存在していない。あきらかにラヴクラフトは、エイリアン的な存在を神に変えようとする人間の試みを擬人化という自惚れた行為だと見なしている。彼からすればそれは、人間的な関心や視点や概念が局所的にしか当てはまらない「真の外面性」にたいして、何らかの意義や意味を押しつけようとする、壮大ではあるだろうが最終的には馬鹿げた努力にすぎないのだ。

その著作『ラヴクラフト――空想的（ファンタスティック）なものの研究』のなかでモーリス・レヴィは、ラヴクラフトを、ゴシック小説やポー、ホーソン、ビアースを含む「空想的（ファンタスティック）なものの伝統」に当てはめている。だがラヴクラフトがその物語のなかで、異常な存在がもつ物質性を強調している点は、彼がゴシック小説家たちやポーとはまったく異なる存在であることを意味している。普通の意味での自然主義と呼ばれるだろうもの――すなわち常識とユークリッド幾何学からなる標準的で経験的な世界――は、たしかにそれぞれの物語の終わりでズタズタになっているが、それに取って代わるものとしてそこには、極度の自然主義（ハイパーナチュラリズム）が――つまり物質的な宇宙に含まれるものがもっている感覚の拡張されたあり方が――存在しているのだ。

ラヴクラフトに見られる唯物論は、私が彼のフィクションを――さらにいえば奇妙なもの一般を――、幻想（ファンタジー）や空想的（ファンタスティック）なものと区別するべきだと考える理由の一つである（とはいえここで、「怪奇小説（ウイアード・フィクション）の執筆について」のなかでラヴクラフト自身は、嬉々として奇妙なものと空想的（ファンタスティック）なものを同等に扱っていることは指摘しておくべきだろう）。じっさい空想的（ファンタスティック）なものとは、多くのSFやホラーを含みうる、かなり広範にわたるカテゴリーだといえる。これはそのカテゴリーがラヴクラフトの作品には当てはまらないということではなく、それによって彼の手法の独特さが強調されることはないということだ。しかし幻想（ファンタジー）の方は、より特殊なジャンル上の固有性を明示している。ラヴクラフトの初期の発想源であるダンセイニ卿やトールキンは代表的な幻想（ファンタジー）の作家だといえるが、彼らの作品と比べてみると、幻想（ファンタジー）と奇妙なものの違いをはっきりと理解することが可能になる。幻想（ファンタジー）の場合、――ダンセイニのペガーナやトールキンの中つ国（ミドル・アース）など――われわれの世界とは全面的に異なる世界が舞台になる。というよりも、より厳密にいうならそうした世界は、その位置と時間という点において、われわれの世界とは距離をもっているというべきだろう（じっさいあまりにも多くの幻想（ファンタジー）の世界が、その存在論や政治という点から見れば、けっきょくのところわれわれの世界にきわめてよく似たものであることがあきらかになる）。対照的に奇妙なものは、この世界と別の世界のあいだに**出口**〔*egress*〕を切り開く点で注目に値する。いうまでもなく、――C・S・ルイスの『ナルニア国物語』、ライマン・フランク・ボームの『オズ』シリーズ、ステファン・ドナルドソンのステファン・コブナント三部作など――この世界と別の世界のあいだの出口を含んだ物語やシリーズ作品は他にもあるが、しかしそれらの作品には、はっきりそれと分かるような奇妙なものの負荷は存在していない。なぜなら、そうしたフィクションにおける「この世界」の部分は、多かれ少なかれ通常のファンタジー的な物語のプロローグやエピローグとして機能するものだからだ。この世界からやってきた登場人物はもう一つの世界へ向かうが、しかしその別の世界が、そこから戻ってきた登場人物の心に与える影響を超えてまでこの世界に衝撃をもたらすことはない。だがラヴクラフトの場合、この世界と別の世界のあいだには、**相互作用**が、交換が、対立が、そして衝突が存在している。

このことは、ラヴクラフトが自らの数多くの物語の舞台をニューイングランドに設定していることがもつ、きわめて重要な意味を説明するものだ。モーリス・レヴィは、ラヴクラフトのニューイングランドはその「**実在性**が――物理的な意味でも、地形的な意味でも、歴史的な意味でも――強調されるべき」世界であり、「周知のとおり、不可能なものが時空を超え、誰にとっても慣れ親しんだものである舞台に侵入しうるときにのみ、真に空想的（ファンタスティック）なものが存在するのだ」と書いている。こうした指摘を受けつつ、しかし私がここで提案しているのは、ラヴクラフトは、ダンセイニのように何らかの世界を発明する傾向から脱することで、幻想（ファンタジー）作家であることを**やめた**のであり、そのうえで奇妙な作品の作家になったのだということだ。レヴィのいい方を踏まえていうなら、奇妙なものの第一の特徴は、少なくともそれがラヴクラフト的なヴァージョンの場合、不可能なものではなく**外部**が、「時空を超え、誰にとっても慣れ親しんだものである舞台に侵入しうる」ようなフィクションだといえるだろう。世界は、まったく奇妙なものであることのないまま、場所の点でも、それを支配している物理法則の点でさえも、われわれの世界とはすっかりかけ離れたものになりうる。むしろ外部からの何かが**この世界**に侵入することこそが、奇妙なものの指標になるのだ。

この点でわれわれは、いったいなぜ奇妙なものがリアリズムとのある種の関係をともなうのかを理解することができる。ラヴクラフト自身はしばしば、リアリズムについて軽蔑的に書いた。しかしもし仮にラヴクラフトがリアリズムを完全に拒絶していたら、彼がダンセイニやデ・ラ・メアのような幻想(ファンタジー)の領域から脱けだすことはありえなかっただろう。あるいはこの場合、ラヴクラフトはリアリズムを包含し、局所化したのだといった方が正確かもしれない。一九二七年、『ウィアード・テイルズ』誌の編集者に宛てた手紙のなかで彼は、この点を明確にしている。

> 人間的な質を備えていなくてはならないのは、人間が登場する場面や、人間のキャラクターたちだけです。**そうした部分**は（いかにも受けそうな**ロマンティシズム**ではなく）呵責なき**リアリズム**をもって扱われる必要がありますが、しかし遮るものがないと同時に忌まわしいものである未知なるもの(ジ・アンノウン)の方へと——つまり影に取り憑かれた〈**外部**〉へと——線を踏み越えていくときには、人間性や地球的な物の見方を、敷居の手前に置いて

いくことを忘れてはなりません。

ラヴクラフトの物語がもつ力は、地球的で経験的なものと外部との**差異**から生じている。このことは、彼の物語のひじょうに多くが一人称で書かれていることの理由の一つだといえる。つまり、外部がだんだんと人間的主体を侵食していく過程のなかでこそ、前者がもつ異邦的輪郭（エイリアン）が識別可能になっていくのだ。人間的世界に言及することのないまま、「遮るものがないと同時に忌まわしいものである未知なるもの（ジ・アンノウン）」をとらえようとすると、すべてが凡庸なものになってしまう危険性がある。ラヴクラフトは人間的な世界を必要とするが、それは巨大な建物を描く画家がその手前に標準的な人間の姿を挿入するのと同じようなことであり、スケールの感覚をもたらすためなのである。

だとするなら、奇妙なものにたいする暫定的な定義の手がかりは、「out of」という、ラヴクラフトが、「The Color Out of Space」〔邦題は『異次元の色彩』等〕、「The Shadow Out of Time」〔邦題は『異次元の影』等〕というかたちで、二つの物語のタイトルに用いている、どこか異様で曖昧な表現に見いだされるかもしれない。もっとも単純なレベルでいうならこの「out of」という表現は、何らかのもの「から生じた」ということを意味している。だが

——とくに「The Shadow Out of Time」の場合——、そこから第二の意味が、すなわち、何かが何かから取り去られ、切り取られているという意味が示唆されることは避けがたい。この場合の影とはつまり、時間から**切り取られている**何かなのである。このような、あるべき場所から「切り取られた」事物という発想は、ラヴクラフトがモダニストの手法であるコラージュと親和性をもっていることを示すものだ。しかし、「out of」という表現には三つ目の意味も、すなわち「彼方」という意味も存在している。時間から生じた影／時間から切り取られた影（ザ・シャドウ・アウト・オブ・タイム）とは、われわれが普段経験し理解している時間の彼方にある何かの影でもあるのだ。

　彼方の気配を手にいれ、外部を呼び起こすにあたり、ラヴクラフトの作品がすでに存在している形象や伝承にすがることはありえない。決定的なかたちで問題になっていくのは、新しいものを創造することなのだ。この点については、チャイナ・ミエヴィル（＊4）が「狂気山脈」の序文で次のように述べているとおりである。「ラヴクラフトは根本的に、あらゆる民間伝承の外部に住んでいる。そこにあるのは、慣れ親しんだ吸血鬼や狼男の（あるいはガルーダや、ルサールカや、その他の伝統的な化け物の）現代版ではないのだ。ラヴクラフトの神々を祀る神殿や、それらが生む動物寓意譚は、絶対的に彼独自な（スイ・ジェネリス）ものである」。だがラヴクラフトによる創造の新しさには、もう一つの重要な次元が存在している。その次元とはす

＊4　チャイナ・ミエヴィル（China Miéville）イングランドのファンタジー／SF作家（一九七二〜）。自身の作品を「怪奇小説（weird fiction）」と表現。「ニュー・ウィアード」と呼ばれる文学的潮流に位置づけられる。『ペルディード・ストリート・ステーション』（日暮雅通訳、ハヤカワ文庫SF、上下、二〇一二年、原著二〇〇〇年）ほか、邦訳多数。フィクション以外に国際法の著作もある。マルクス主義者として知られ、二〇一三年には映画監督のケン・ローチが結成を呼びかけた新たな政党「レフト・ユニティ」の準備宣言に署名するなど、政治活動もおこなっている。

なわち、彼の創造が、作者によって否認され、偽装されているということだ。ミエヴィルはつづける。「ラヴクラフトの物語には［……］ある逆説が見つかる。彼の怪物的なものにかんする着想や空想的(ファンタスティック)なものにたいするアプローチは完全に新しいものであるにもかかわらず、彼自らは**そうではないふりをするのだ**」。奇妙な存在と対峙するとき、ラヴクラフトの登場人物たちは、作者自身が発明した神話や伝承のなかに類似物を見いだしていく。そんなふうに、新たに鋳造した神話を懐古的なかたちで深い過去に投影することによってラヴクラフトは、エーリッヒ・フォン・デニケンやグラハム・ハンコックといった作家たちのあいだに、ジェイソン・コラヴィット（＊5）が「異邦の神々(エイリアン)の崇拝」と名づけるものを生みだしていく。新しいものの「懐古的埋葬」はまた、彼の奇妙なフィクションを、時間「から生じた(アウ)／から切り取られた(ト)／の彼方にある(オブ)」場所に位置づけることになる——たとえば「The Shadow Out of Time」において主人公のピースリーは、建築遺跡のなかで、自らの手によって書かれたテクストと出会うことになる。

　チャイナ・ミエヴィルが論じるところによれば、ラヴクラフト的な新しさを生みだすきっかけになったのは、第一次世界大戦の衝撃だった。過去とのトラウマ的な断絶が、新しいものを生みだすことを可能にしたのだというわけだ。だがおそらく、ラヴクラフトの作品がトラウマにかかわるものだと考えることは、他でもなくそれが、経験それ自体の組成の内部で

＊5　ジェイソン・コラヴィット（Jason Colavito）アメリカの著述家／編集者（一九八一〜）。「異なる神々の崇拝」は彼のラヴクラフト論（*The Cult of Alien Gods: H. P. Lovecraft and Extraterrestrial Pop Culture*, Prometheus Books, 2005.）のタイトルにもなっている。

生じている断絶に関係するものだという点から見ても有用だといえるだろう。「快楽原則の彼岸」における指摘（「精神分析による知見によってわれわれはいまや、時間と空間が「思考の必然的形式」であるというカントの公理をあらためて検討できるようになった」）が示唆するところによれば、フロイトは次のように考えていた。すなわち、無意識というものは、知覚や意識のシステムを支配している時間や空間や因果性に備わった——カントのいう——「超越論的」構造を超えて機能する。トラウマによって苦しむ者たちの精神生活を研究することは、無意識の機能を把握し、それが時間や空間や因果性の支配的なモデルと断絶していることを把握するための方法の一つだったわけだ。トラウマは、一種の超越論的なショックだと考えることができるが、これはラヴクラフトの作品との関係において示唆的な表現だといえる。外部とは「経験的に」外在的なわけではなく、超越論的に外在的なものである。すなわちそれは、時間や空間において隔たっている何かではなく、われわれの通常の経験や時空の概念それ自体を超えた何かなのだ。その仕事をとおしてフロイトは、無意識は否定も時間も知らないのだと繰りかえし強調した。だからこそ無意識は、「文化への不満」のなかで、「かつて存在したものがけっして消え去ることなく、発展の初期の段階すべてが最新のものと並んで存在しつづける」ローマという、エッシャー的なイメージによって描かれているのだ。フロイトの奇妙な幾何学はあきらかに、非ユークリッド的な空間を繰りかえし生みだすラヴクラフトのフィクションと類似している。たとえば、『クトゥルフの呼び声』のなかの「夢空間の幾何学」の描写を見てみるといい。それは「異常で、非ユークリッド的で、我々のものとは異なる領域や次元の忌まわしい香りを放っている」。

重要なのは、ラヴクラフトをあまりにも性急に表象不可能なものへと委ねてしまわないことだ。ラヴクラフトは自らの描く存在を「名づけえぬもの」、「描写しえぬもの」と呼ぶが、そうした言葉はあまりにもしばしば、字義どおりに受けとられてしまう。チャイナ・ミエヴィルが指摘するとおり、ラヴクラフトはある存在を「描写しえぬもの」と呼ぶとすぐに、ひじょうに正確で厳密なその細部を描きはじめていく（また、「名づけえぬもの」という言葉を好んで用いているにもかかわらずラヴクラフトは――まさに「名づけえぬもの」と題された物語のなかで、彼自身が嘲けりながらも擁護しているとおり――、〈もの〉たちに名前をつけることに臆することはない）。だが、こうした一連の流れには、第三の契機が存在している。（1）まず描写不可能性の宣言があり、（2）そして描写がなされたあと、しかし結果としてそこには、（3）視覚化不可能性がもたらされるのだ。描かれるそうした細部にもかかわらず、というよりもおそらくそうした細部があるからこそ、ラヴクラフトの描写を読む者は、数々の形容詞からなるその饒舌で分裂的な声を、一つの心的なイメージのもとに統合することができなくなっていく。こうした点に刺激されるかたちでグレアム・ハーマン（＊6）は、それらの文章が生み

＊6　グレアム・ハーマン（Graham Harman）
アメリカの哲学者（一九六八〜）。二〇〇〇年代に起こった哲学ムーヴメント「思弁的実在論（speculative realism）」の担い手のひとり。自身の思想を「オブジェクト指向存在論（object-oriented ontology）」と呼称。邦訳に『四方対象』（岡嶋隆佑監訳、人文書院、二〇一七年、原著二〇一〇年）など。同書をはじめ、ラヴクラフトを論じた『怪奇的実在論』（*Weird Realism: Lovecraft and Philosophy*, 2012.）など、かなりの著作をフィッシャーが設立したゼロ・ブックスから刊行している。

だす効果をキュビズムと比較し、「魔女の家の夢」における「立方体や平面の群れ」を引きあいに出しながら、両者の並行性を補強している。キュビズムや未来派のテクニックやモチーフは、ラヴクラフトの多くの物語のなかで、一般に（表向きの）嫌悪の対象として登場している。だがそうしたものに敵意を見せていたにもかかわらずラヴクラフトは、モダニスト的な視覚芸術が外部を生みだすための資源として再利用しうるものであることを認めていたのだ。

ここまでのところ、ラヴクラフトについての私の議論は、物語それ自体の**枠内**で何が起きているのかという点に集中してきたが、しかしラヴクラフトが生みだすもっとも重要な奇妙な効果の一つは、さまざまな彼のテクストの**あいだ**で生じている。ラヴクラフトのテクスト群を一つの「神話」として体系化したのは、彼の追随者であるオーガスト・ダーレスだったかもしれないが、ラヴクラフトの作品の特異性を理解するためには、それぞれの物語相互の関係こそが、つまりそれらが生みだしている一貫した現実性こそが決定的なものだ。ラヴクラフトがそうした一貫性を生みだす方法は、トールキンが同様の効果を手にするさいのそれとそれほど異なっているようには見えないかもしれないが、ここでもまた、この世界との関係が決定的なものになる。物語の舞台を、他からの侵害を受けないはるかに隔たった領域ではなく、ニューイングランドに設定することによってラヴクラフトは、フィクションと現実性のヒエラルキー的関係を錯綜させることを可能にしている。

　本当の歴史にシミュレートされた学識を挿入することによってそこには、ロブ＝グリエやピンチョン、ボルヘスといった「ポストモダン」フィクションの書き手たちに似た存在論的な異常性が生みだされている。じっさいに存在している現象を、自らが発明したものと同じ存在論的地位にあるものとして扱うことによってラヴクラフトは、事実にもとづくものを脱現実化し、フィクション的なものを現実化する。グレアム・ハーマンは、いつの日かラヴクラフトが、哲学者たちにとってもっとも権威ある文学研究の対象であるヘルダーリンの座を奪うことを待望している。同様にしておそらくわれわれは、通俗的モダニストであるラヴクラフトが、存在論的な難問をめぐる優れたフィクションの探求者として、ポストモダニストであるボルヘスに取って代わる日を期待することができる。ラヴクラフトは、ボルヘスが「仮構（ファビュレイト）」するだけだったものを具体化している。ピエール・メナール版の『ドン・キホーテ』（＊7）がボルヘスの物語の外に存在していると考えるものはいないだろうが、一方で、大英図書館にたいし、多くのラヴクラフトの物語のなかで言及される古代伝承の書である『ネクロノミコン』の複写を問いあわせる読者は、少なからず存在してきた。ラヴクラフトは『ネクロノミコン』のわずかな断片だけを見せることによって、「現実効果」（＊8）を生みだしている。この忌まわしいテクストへの言及は、まさに断片的な性質をもつものであるが

＊7　ピエール・メナール版の『ドン・キホーテ』　本来の『ドン・キホーテ』の著者はセルバンテスである。J・L・ボルヘスの短篇「『ドン・キホーテ』の著者、ピエール・メナール」（『伝奇集』所収）に登場する架空の小説のこと。セルバンテスの『ドン・キホーテ』を愛するメナールが、それとまったくおなじ小説を書きたいと努力したところ、セルバンテスの『ドン・キホーテ』と一言一句たがわぬ小説を書くことに成功した、というある種の思考実験で、作者論の文脈でも重要な短篇。ここでは、ラヴクラフト作品に登場する、おなじく架空の書である『ネクロノミコン』と対比されている。

ゆえに、読者にたいし、それはじっさいに存在するものに違いないのだと信じさせる。ラヴクラフトが『ネクロノミコン』の全文をじっさいに書いていたと考えてみると、その本は、それを引用だけで知っていたときよりもはるかに現実性がないように思われてくるはずだ。ラヴクラフトは引用がもつ力を、つまりじっさいにそのまま出会われるより引用された方がテクストの現実味は増すのだということを、理解していたように思われる。

以上のような存在論的置き換えによってもたらされている効果の一つに、ラヴクラフトが自らのテクストにたいする究極的な権威をもつことをやめていることが挙げられる。テクストがその作者からのある種の自律を獲得していくなかで、表向きの創造者としてのラヴクラフトの役割は、偶発的なものになっていく。代わりに彼は、さまざまな存在や登場人物や定式の発明者になっていくのだ。そこで問題になるのは、そうしたフィクション体系がもつ一貫性であり、読者や他の作者の集団的な参加を等しく誘発する一貫性である。周知のとおり、ダーレスだけなく、クラーク・アシュトン・スミス、ロバート・E・ハワード、ブライアン・ラムレイ、ラムジー・キャンベルなど、多くの作家たちがクトゥルフ神話の物語を書いてきた。自らの物語を網の目のようにつなぐことによってラヴクラフトは、生まれでてくる体系にたいする自身の創造物の制御を失っていく。その体系には独自のルールがあり、そのルールは、新たにそこに加わる者たちの手によって簡単に決定されうるものなのである。

＊8　現実効果（reality-effect / l'effet de réel）
一見して瑣末なテクスト内の要素が発揮している効果を指してロラン・バルトが名づけた言葉。（とくにリアリズム的な）フィクションにしろ、歴史を語る言説にしろ、プロットには直接かかわらないそうした要素こそが、読者にたいし、そのテクストが現実を描写しているのだという印象を与えているのだとされる。

現世的なものに抗する奇妙なもの——H・G・ウェルズ

ここからは、H・G・ウェルズの短編「白壁の緑の扉」を読むことをとおして、奇妙なものに別の角度からアプローチしてみたい。ラヴクラフトの作品とはまったく異なるが、そこには強力な奇妙な負荷が備わっているように思われる。

語り手になるのはレドモンド、物語は彼の友人で政治家のライオネル・ウォーレスにかかわる。ウォーレスはレドモンドに子供のころの思い出を話す。ロンドンのウェスト・ケンジントンの通りのどこかにある壁に、緑の扉を見たというのだ。どういうわけか、彼はその扉を開けてみようと引き寄せられる。はじめこそ不安で、扉をくぐるなんて「賢明でないか、間違っている」と感じていたが、しかし「感情の高まるままに」、彼は不安を乗り越え、その壁の扉をくぐり抜ける。壁の扉を超えた先にある庭には、デルヴォーかエルンストが描いたようなシュルレアリスムの絵画を思わせるような何かがある。そこには、物憂げな喜びといった雰囲気があり、一方で周囲に広がっていくような優しさの感覚があるが、その感覚は彼がそこで出会う人たちから発されているように見える。またそこには、異常なものたちが存在している。たとえば彼は、二頭の豹を見つけ、そしてある種の本を見つけるが、その本のなかに登場するイメージは、「絵じゃなくて、現実そのものだった」。この本が魔法のような何かなのか、進歩したテクノロジーの例なのか、それともある種の酩酊状態の産物なのかははっきりしない。しかししばらくして、この本に目をとおしていると、彼は自分が「まだ灯りがともる前のうすら寒い夕方、ウェスト・ケンジントンの陰気な長い通りにいる」のを見つける。「僕は惨めで小さな姿をし、大声で泣きながらそこにいたんだ」。だが、じゅうぶんはっきりしているとはいえない理由から——いったいなぜ彼はすぐに壁の扉をくぐらないのだろうか——、彼にはすぐに帰ることができない。ふたたび平凡な世界に追いやられると、彼は「抑えようのない悲痛さ」の感覚に打ちひしがれることになる。

ウォーレスは数年後になってようやく、はじめは偶然から、例の壁の扉を見つける。「カムデン・ヒルの向こう側にある少し低い階級が住む通りで道に迷って」しまったとき、ついに長く白い壁を見つけ、庭につづく扉を見つけることになるのだ。しかし今回はそこを通り抜けようとはしない。学校に遅れてしまうので、時間があるときに戻ってこようと考える。そのあと彼は、その扉と庭のことを学校の友達に教えてしまうという間違いを犯してしまう。彼らは無理やりそれらがあった場所まで案内させるが、しかし彼にはその場所を見つけることができない。

若いころ彼は、——たとえばオックスフォード奨学生試験を受けに行く途中など——何度かこの扉を見かけているが、しかしそのときもまた日常生活の慌ただしさに飲みこまれ、扉を通り抜けることのないまま通りすぎていく。最近になって中年にさしかかったウォーレスは、ふたたびその扉に取り憑かれ、二度とそれを見ることができないのではないかと恐れる。

それからは何年も働きに働いて、あの扉は一度も見なかった。また思いだしたのは、つい最近になってからだ。同時に、私の世界全体がうっすらと曇ったような気持ちになった。二度とあの扉を見られないのは、残念でやりきれないという気がしてきた。これは、ひょっとすると働きすぎのせいかもしれない——よく話に聞く、四十男の気持ちなのかもしれない。分からないがね。しかし、最近では何をやるにも楽々とこなせる冴えが消えてしまったことは間違いない……。

しかしふたたび彼は、——合計で三度——扉を見つけることになる。だがその度ごとに彼は——重要な政務に携わっていたり、父の床に駆けつける途中だったり、自らが置かれる立場についての会話に夢中になっていたりするために——そこを素通りしてしまう。このことをレドモンドに話すウォーレスは、扉を通り抜け損ねたことで苦悩し、ひどく消耗している。読者にとってはなかば当然のことだが、レドモンドが次にウォーレスについて耳にするのは、彼が亡くなったということだ。彼の遺体は、「イースト・ケンジントン駅近くの深い穴」で発見されることになる。

「白壁の緑の扉」はいったいなぜ奇妙な物語に分類されるべきなのか。諸世界という問題——つまり両立しえない諸世界どうしの接触という問題——は、あきらかにこの物語がラヴクラフトと共有しているものであり、このことがわれわれを、あらためて奇妙なものの核心へと向かわせることになる。先の章で検討をはじめたとおり、奇妙なフィクションはわれわれにたいしてつねに、諸世界のあいだの敷居を提示するものだ。「白壁の緑の扉」はあきらかに、他でもなくそうした敷居を中心に展開されている。それがもつ力の大部分は、日常的な細部とともに描かれるロンドンという舞台がもつ俗世性と——「彼の記憶に蘇ったのは、たくさんの汚い店、なかでも水道工事と室内装飾の店であって、土管、トタン板、球状の蛇口、壁紙の見本帳、エナメルの缶などが埃をかぶってだらしなく転がっていたことである」——、扉を超えた世界の対立に由来している。

ラヴクラフトの物語は、諸世界の敷居であふれている。それらの敷居をまたぐ出口となるのはしばしば本（畏怖すべきあの『ネクロノミコン』）だが、ランドルフ・カーターが登場する「銀の鍵」の物語群（同名の作品を中心に、内的に関連した計五作からなるラヴクラフトの作品群）の場合のように、文字どおりの門である場合もある。マーヴェル・コミックのキャラクターであるドクター・ストレンジが登場する深くラヴクラフト的な物語のなかでは、毎回のように門や入り口が登場する。同様にデヴィッド・リンチの映画やTV作品は、玄関口やカーテンや入り口に執着する。のちに見るとおり、『インランド・エンパイア』は諸世界間の敷居から構築された「多孔空間」であり、存在論的なウサギの巣穴のようなものだといえる。また別の世界への敷居はときに、スケールの変更の問題にもなる。リチャード・マシスン（＊9）の『縮みゆく人間』が示すように、人が十分に小さくなれば、自宅のリビングは奇妙な驚きと畏怖の空間になりえる。

扉や敷居や入り口が中心的なものになるということは、何かと何かの**あいだ**という考えが奇妙なものにとって欠かすことのできないものであることを意味している。ウェルズの物語が壁を超えた庭だけで起こっていたとしたら、あきらかに奇妙な負荷は生じえなかったはずだ（C・S・ルイスの物語において、ナルニア国の端にある街灯には奇妙なものの感覚が存在するにもかかわらず、ナルニア国それ自体には存在しないのはこのためである）。物語の舞台が完全に扉を超

＊9　リチャード・マシスン（Richard Matheson）
アメリカのSF／ホラー作家、映画脚本家（一九二六〜二〇一三）。スピルバーグ『激突！』『ヘルハウス』など、映像化作品多数。ジョージ・A・ロメロ監督『ナイト・オブ・ザ・リビングデッド』はマシスン原作の映画『地球最後の男』から影響を受けている。『縮みゆく男』（本間有訳、扶桑社ミステリー、二〇一三年、原著一九五六年）は、放射性物質と殺虫剤を浴びた結果、毎日三ミリメートルほど身長が縮んでいく状態に陥ってしまった男の物語で、彼はクモなどと戦うはめになる。

えた先に設定されてしまう場合、われわれは幻想（ファンタジー）というジャンルの領域に入ることになる。この幻想（ファンタジー）という様態は、異なる世界を自然化してしまう。だが奇妙なものは、その不安定性によって、その外部への開放性によって、あらゆる世界を脱自然化するものなのだ。

「白壁の緑の扉」がラヴクラフト的な物語の定式からはっきりと逸脱している点の一つとして、この作品には非人間的な存在が出てこないということが挙げられる。ウォーレスが扉を通り抜けると、彼は異様な存在の数々に出会うが、しかし彼らは人間のように見える。この物語が生んでいる奇妙な感覚の大部分は、そうした物憂げで情け深い存在の数々に生みだされているものではないのだ。この作品における奇妙なものは、ラヴクラフトの物語にとっては中心的なものに他ならない「忌まわしい怪物たち」をまったく必要としないのである。

ラヴクラフトと「白壁の緑の扉」の二つ目の違いは、サスペンスの問いに関係する。すでに見たとおり、ラヴクラフトの物語がサスペンスという感覚によって特徴づけられることはほとんどない。外部が現実的なものであるかどうかという点が宙づりになったまま残されることはないのだ。だが対照的に、「白壁の緑の扉」の終わりでレドモンドは、自分の心が「疑問と謎で暗くなっている」ことに気づく。彼はウォーレスが「前例のない種類の幻想」に苛まれていた可能性を捨てきれない。ウォーレスは狂人であるか、あるいは「夢見る人、夢想や想像力に恵まれた人」である。レドモンドは結論の出ないまま次のように述べている。

「われわれは、この世を常識で見ている。板囲いは板囲い、穴は穴だとしか思わない。白昼の基準で考えれば、彼は安全な場所から闇へ、危険のなかへ、死へと転落していった。だが、彼の方は同じように考えていただろうか」。

このことは、ラヴクラフトとこの物語のあいだにある三番目の違いに、つまり狂気の問いにつながっていく。ラヴクラフトの物語において、登場人物が経験する狂気は、外部との出会いによって生みだされる超越論的な衝撃の**結果**として生じており、登場人物に何らかの存在を知覚させる**原因**になるような狂気が問題になることはない（この場合、そうした存在の地位は明らかに格下げされる。つまりそれらはたんに、譫妄状態の産物になる）。一方で「白壁の緑の扉」は、精神病をめぐる問いを未解決のままにしている。ウォーレスが狂人だったり、妄想していたり、混濁した子供時代の記憶（この記憶は、「遮蔽記憶」についてのエッセイでのフロイトの区別を踏まえるなら、子供時代に**由来する**記憶ではなく、子供時代**という**記憶だといえる）からその経験全体を作話している可能性があるのだ。レドモンドはたしかに彼を疑っているが、いずれにせよその疑念は、「心の底からの信念」にもとづくものではない。ウォーレス自身はといえば、子供時代の記憶を増幅させた結果——つまりそれをふたたび夢見た結果——、起きたことを完全に歪めてしまっているのではないかと疑っている。

だがおそらく、「白壁の緑の扉」とラヴクラフトのもっとも決定的な違いは、ウェルズの物語の中心にある切望の質にこそある。ラヴクラフトにおいては、外部がもつ積極的な魅力はかならず抑圧され、反転し、嫌悪と畏怖に変化していく。だが「白壁の緑の扉」の場合、扉を超えた先にある世界の魅力は、その全編をつうじて輝いている。その物語を構築する鍵となる対立は、自然主義対超自然的なものではなく——たしかに「魔法のような」ものではあるが、壁を超えた世界が超自然的なものであることを示唆する点はほとんど存在していない——、日常的なものと神霊的なもの〔the numious〕の対立なのだ。じっさいウォーレスによる「おぼろな光に包まれた形容できない非現実的な感覚、日常の経験に漂うものとはまったく（異なる）」という描写は、ルドルフ・オットー（＊10）が『聖なるもの』のなかで示した神霊的なものの特徴を思いださせるものだ。だが、ウォーレスとオットーの双方にとって、「おぼろな光に包まれた形容できない非現実的な感覚」は、「ありふれた経験」よりも**さらに**現実的な何かとの邂逅をかならずともなう。〈現実的なもの〉が現実的に**感じられる**ことはないのだ。それは感覚の高揚を生じさせるのであり、通常の経験のパラメータを超えていくが、しかしウォーレスにとって、「少なくとも白壁の緑の扉は本物の扉で、本物の壁を通った向こうには永遠の世界があったのだ」。

　ミシェル・ウエルベックはそのラヴクラフト論を『世界と人生に抗って』と題しているが、ラヴクラフトが真に反意をもっていたのは現世的なものであり、彼の物語が終わることなく

＊10　ルドルフ・オットー（Rudolf Otto）　ドイツの神学者／哲学者（一八六九〜一九三七）。フッサールやエリアーデなどに影響を与える。主著『聖なるもの』（久松英二訳、岩波文庫、二〇一〇年、原著一九一七年）において彼は、聖なるものには合理的には理解できない部分があり、それを「神霊的なもの（ヌミノーゼ：the numinous / das Numinöse）」と呼んだ。そのヌミノーゼには恐ろしい側面と魅惑的な側面があるという。フィッシャーはおそらく、そこにラカンの「享楽」につうじるものを見いだしている。

爆破している俗世的なものの狭量な限定だったのかもしれない。いずれにせよ、そうした現世的なものの不完全さにたいする攻撃こそが、「白壁の緑の扉」を駆動させるものの一つであることは間違いない。「ふたたびこの灰色の世界」へ戻ったことを知るとき、ウォーレスは「ああ、帰ってくることの惨めさときたら！」と漏らす。あきらかにウォーレスは、現世的なものがもつ誘惑に屈したからこそ自分は落胆しているのだと感じている。

ウォーレスが自らの悲嘆を説明するとき、彼は精神分析的な死の欲動のおもちゃになっているように見える。「幽霊だとか亡霊だとかいうんじゃないだがね、おかしな話なんだよレドモンド——ぼくは取り憑かれているんだ。何かに取り憑かれているんだが、むしろそれは物事から光を奪い、ぼくを強い憧れで満たすものなんだ……」。ウォーレスがはじめて扉に出会ったときのことを振りかえるなかでレドモンドは、「引きよせられつつ反発する少年の姿」（強調は引用者）を思い浮かべている。フロイトは、他でもなくこの不快な何かに向かう両義的な魅力という点から死の欲動を説明している。一方でラカンとその追随者たちは、死の欲動が描く奇妙な幾何学を描きだし、——あきらかにそれこそが彼のもっとも深い欲望であるにもかかわらず、ウォーレスが繰りかえし扉を通り抜けるのに失敗するように——その表向きの満足の対象をつねに取り逃がすことによって、欲望がそれ自体を永続させていくあり方を描きだしている。扉と庭が発する引力は、彼が何をやるにしてもそこから、現世的な満足と達成感を奪ってしまうのである。

手がかりを掴んだいま、それは彼の顔にも出ているような気がする。私の手元には、彼のそうした超然とした顔をはっきりとらえた写真がある。その写真を見ていると、かつてある女が彼について語った言葉を思いだす。それは彼を深く愛していた女だった。「突然、興味を無くしてしまうんです」と女はいっていた。「こっちのことも忘れてしまって。まるで見向きもしなくなるんです――こっちが目の前にいても……」

扉はつねに、快楽原則を超えて奇妙なものへと向かう敷居だったのだ。

「身体は触手だらけ」、グロテスクなものと奇妙なもの
――ザ・フォール

グロテスクという言葉は、ティトゥス浴場が発掘されるなかで一五世紀にはじめて見つかった、古代ローマ期の装飾的な模様に由来している。それが発見された「洞窟（グロット）」にちなんで名づけられたこの新しい様式は、人間や動物のかたちに空想的な模様で描かれた葉や花や果物が混じりあったもので、古典的な芸術における論理的な分類とは無関係なものだった。そうした様式にたいする同時代の報告は、古代ローマの著述家ウィトルウィウスに見ることができる。ウィトルウィウスはアウグストゥス統治下でローマの再建を任じられた役人であり、その著書『建築について』もアウグストゥスに捧げられている。当然のことながらこの本は、グロテスクなものを「不適切な趣味」だと強く批判している。人間や動物や植物が混ざりあった様子を描写するなかで著者は、「そんなものは存在しないし、存在しえないし、存在したこともない」のだと述べている。「というのも、葦が屋根を支え、燭台の枝が破風の飾りを支え、細く柔らかい

茎が座像を支えるなどということが、はたして本当にありえるでしょうか。あるいは、茎と根から花と半身像が交互に立ちあがってくるなどということが、はたして可能でしょうか。そういった虚偽を見ながら人は、それを非難するのではなく賞賛し、それらのうちのどれが本当にありうるかと考えることを怠ってしまうのです」。

——パトリック・パリンダー『ジェイムズ・ジョイス』

ウェルズの物語はメランコリー的な奇妙なものの例だといえるが、一方で、奇妙なものとグロテスクなものの関係を考えることによってわれわれは、奇妙なものがもつもう一つの次元を理解することができるようになる。奇妙なものと同じように、グロテスクなものはあるべき場所の外にある何かを喚起する。グロテスクなものが出現したさいの反応は、反感と同様笑いを引き起こすが、グロテスクなものについての研究のなかでフィリップ・トムソンが論じているところによれば、グロテスクなものとは、笑うべきものと、そうしたものとは両立しえないものとが同時に現前することによって特徴づけられる。それがもつ笑いを誘う力を踏まえるなら、グロテスクなものとはおそらく、奇妙なものの特殊な例の一つなのだと考えるのがもっとも理に適っているといえる。奇妙なものとして把握することのできないグロテスクなものは考えづらいが、しかし一方で、――たとえばラヴクラフトの物語において、ユーモアは偶発的なものにすぎないように――笑いを引き起こすことのない奇妙な現象も存在している。

上記のような奇妙なものとグロテスクなものの合流を示すこれ以上ない例として、ポスト・パンク・グループであるザ・フォール（＊11）の作品が挙げられる。ザ・フォールの作品――とくにその一九八〇年から一九八二年の時期の作品――は、グロテスクなものと奇妙なものにたいする参照で覆いつくされている。この時期におけるグループの方法論は、一九八〇年のシングル「シティ・ホブゴブリン」のジャケットに鮮明にとらえられているが、そこには、「緑の沼地からの移住者たち」によって侵略された都市の光景が描かれ、荒れ果てた住宅の後ろに睨みをきかせた邪悪な小鬼がそびえ立っている。だがそこに登場しているホブゴブリンは、写真の光景にスムーズに統合されるのではなく、荒く描かれ、背景のうえに刻みこまれている。結果としてそこに生じているのは、諸世界の戦争であり、存在論的な闘争であり、表象の手段をめぐる闘いだといえる。ブルジョア文化とそのカテゴリーから見るなら、――労働者階級出身であると同時に実験的で、大衆的であると同時にモダニスト的である――ザ・フォールは、存在しえないものであり存在してはならないものなのであって、したがってザ・フォールは、彼らが文化の政治学から奇妙なものとぞっとするものを引きだ

＊11 ザ・フォール（The Fall）
労働者階級出身のマーク・E・スミスという唯一無二の才能による、マンチェスターのポスト・パンク・バンド。スミスの容赦ない毒舌と、その不条理で不可解な歌詞において日本では理解が難しかったが、英国での評価は高く、再評価はいまも途絶えない。批評家サイモン・レイノルズは「北イングランドのマジック・リアリズム」と評し、スミス自身は「原始的な音楽と知的な歌詞との融合」と定義している。バンド名はカミュの『転落』から。スミスは二〇一八年没。『インディペンデント』紙は「ポップ・ミュージックにおける最大の不機嫌」と彼を讃えた。

してくる、その方法においてこそ注目に値する存在なのだといえる。ザ・フォールは、大衆的でモダニズム的な奇妙なものといいうるような何かを生みだしたが、そのなかでは、奇妙なものが作品の形式を規定していると同時に、その内容も規定している。ザ・フォールによる怪奇譚（ウィアード・テイル）は、――親しみのなさや、それ以前は約通不能だとされていた諸要素の結合、圧縮、理解可能性の標準的なモデルにたいする挑戦といった――モダニズム的な奇妙さをともなうと同時に、ポスト・パンクのサウンドがもつあらゆる困難や衝動をともないながら生成されていく。

以上のようなザ・フォールの作品の多くは、とらえどころなく謎めいたやり方ではあるが、一九八〇年のアルバム『グロテスク（アフター・ザ・グラム）』（＊12）において一つにまとめられている。その歌詞のなかで言及されている「ハックルベリーの仮面」、「顔に蝶をつけた男」、「駝鳥の被り物」、「淡いブルーの植物の頭」といった表現はいずれも理解しがたいものだが、しかし先に引いたパリンダーが述べているとおり、グロテスクなものとはもともと、「人間や動物のかたちに空想的なデザインの葉や花や果物が混ざったもので、古典的な芸術における論理的な分類とは無関係なもの」を指しているのだということを踏まえるなら、その意味も分かりだしてくることになる。

『グロテスク』に収録された曲はどれも物語だが、しかしそれは途中まで語られた物語で

＊12『グロテスク』（*Grotesque (After The Gramme)*）ラフトレードのジェフ・トラヴィスとメイヨ・トンプソンがプロデュースしたザ・フォールの代表作。一九八〇年リリースの同アルバムは、ほぼリアルタイムでザ・フォールの日本盤としては最初にリリースされている。グロテスクな表現があるのは確かだが、ほかに中産階級のリベラルを嘲笑する「イングリッシュ・スキーム」のような曲もある。なお、本作リリース前にはザ・フォールでもっとも有名な曲「トータリー・ワイアード」がシングル・リリースされているが、再発盤にはボーナストラックとして収録されている。

ある。その言葉は断片的で、まるでたえず途切れる当てにならない通信によって届いてくるものであるのかようだ。視点は混同され、著者、テクスト、登場人物の存在論的な区別は混乱し破綻している。直接的な会話と語り手の言葉を決定的に整理することは不可能だ。グループのリーダーであるマーク・E・スミスが暗号めいたライナー・ノーツにおいて嘲笑している「コーヒー・テーブル」の美学が周到に拒否されるなかで、トラックはパリンプセスト〔すでに書かれたものが不完全に消された状態で重ね書きされていく羊皮紙、転じてそうした状態〕と化し、録音状態はひどいものになっている。つまりレコーディングのプロセスがなかったことにされるのではなく、それ自体として前景化され、全面を覆う歯擦音やとらえがたい録音テープのノイズが、ハマー・フィルム・プロダクション製作版の『フランケンシュタイン』に登場する怪物の顔にあるその場しのぎの縫い目のように、これ見よがしに強調されているのだ。なかでも「インプレッション・オブ・ジェイ・テンペランス」という曲は典型的なもので、ラヴクラフト風のその物語のなかでは、(「茶色い眼窩で〔……〕紫の眼をしゴミを積んだ船から出たガラクタで育った〕ドッグ・ブリーダーの「忌まわしいレプリカ」が、マンチェスターの街を徘徊している。そこで語られているのは奇妙な物語だが、しかしその物語は、圧縮とコラージュというモダニズム的な手法に従うものである。結果としてそこに生まれているのは、いたるところに省略的表現が含まれるまったく謎めいた作品であり、そのテクストはまるで、マンチェスターの船舶用運河から水揚げされたもの——沈泥や白カビや藻によって部分的に解読不能と化したもの——のようになり、スティーヴ・ハンリーのベースは、水底を浚う音のように聴こえてくることになる。

たしかにそこには笑いがあり、それまでのあり方を裏切るようなパロディや嘲笑の形式がある。そうした形式は、とくに近年のイギリス文化における生気も牙も失った風刺のあり方を考えるなら、風刺というレッテルを張るのを躊躇うようなものである。だがザ・フォールにおいては、グロテスクなもののなかで、風刺がその起源に立ち返っているかのようなのだ。ザ・フォールの笑いは、常識的なメインストリームから生じてくるものではなく、精神病的な外部から生じている。それはジェームズ・ギルレイの描くような夢幻的な様態にある風刺であり、そのなかでは、毒舌や揶揄は譫妄的なものになり、それぞれの要素の繋がりや敵対性は、(心的な)トポロジーにもとづいて吐きだされることになる。たんに高潔な道徳性が破綻するさまを示すのではなく、人間には尊厳がありうるのだということを錯誤として示すことこそが、その真の目的なのだ。「シティ・ホブゴブリン」のかろうじて聴きとれる一節のなかで、スミスがジャリの『ユビュ王』にさりげなく言及していることに気づいても、何も驚くことはない。スミスにとってと同様ジャリにとって、猥雑なものや馬鹿げたものがもつ一貫性のなさや不完全さは、良識という偽の調和に対抗させられるべきものだった。人間という動物が調和なき存在であり、自然の秩序のなかには場所をもたず、自然の生みだすものを忌まわしい新たなかたちで再結合する力をもつ、自然からの逸脱者であることを考えれば、グロテスクなものこそが人間の条件なのだとさえいえるだろう。

『グロテスク』のサウンドは、乱雑なものと規律正しいものを、知性的・文学的なものと白痴的・身体的なものを、一見して不可能なかたちで結合している。このアルバムは、日常的なものと、グロテスクなものとしての奇妙なものの対立を中心にして構築されている。それはまるで、レコード全体がある一つの仮説的な推測にたいする応答として構築されているように見える。その推測とはつまり、ロックンロールがミシシッピ・デルタではなく、イギリスの工業地帯の中心で生まれていたらどうなっていたかというものだ。「ザ・コンテナ・ドライヴァーズ」や「ファイアリー・ジャック」で繰りひろげられるロカビリー(＊13)は、グレイビーソースを添えたミートパイによって減速し、それが夢見る逃走は、苦いビールと安レストランの紅茶によって、致命的に台無しにされている。それは夢破れたジーン・ヴィンセントの模倣者がプレストウィッチ〔マーク・E・スミスが育った、マンチェスターの町〕で演奏する、労働者の男たちのためのクラブのショーとしてのロックンロールである。だが「もし～だとすれば」という思弁はかならず失敗する。ロックンロールはどこまでもつづく開かれた高速道路を必要とするものだった。それがイギリスのもつれあった道路や閉所恐怖症を

＊13　ロカビリー
当時はマンチェスターのロカビリーをかけて「マンカビリー」などとも評された。

引き起こすような都心部ではじまることはけっしてありえなかったのだ。そうした閉所恐怖症を引き起こすような世俗性と、奇妙なものとしてのグロテスクなものとの対立がもっともはっきりと表現されているのは、「ザ・N・W・R・A」（北部はふたたび台頭するだろう）という曲である。T・S・エリオット、ウィンダム・ルイス、H・G・ウェルズ、フィリップ・K・ディック、ラヴクラフト、そしてル・カレといった作家たちを、およそ起こりそうにないかたちでバラバラにして混ぜあわせたような、文化政治的に錯綜した物語であるこの曲のなかでは、アルバムのテーマのすべてが融合している。それは身体が触手に覆われた霊能力者であり、キャバレーの元パフォーマーであるロマン・トータルをめぐる物語である。ロマン・トータルはスミスの「オルターエゴ」なのだとよくいわれるが、じっさいのところトータルにたいするスミスの関係は、ラヴクラフトがランドルフ・カーターのような人物と結んでいた関係と同じものだといえる。トータルは物語の語り手ではなく、登場人物なのだ。とはいえ以下のとおり、いうまでもなく彼は「均整のとれた」登場人物ではなく、神話の担い手であり、通俗雑誌的な断片の間テクスト的な接合点なのだ。

R・トータルは地下に住んでいる／病んだ日々の仕事から離れ／駝鳥の被り物をつけ

て／顔はそこらじゅう羽に覆われ／オレンジがかった赤い紐が青みがかった黒い紐と一緒に／その胸まで襞になって垂れさがっている／身体は触手だらけ／そして淡いブルーの植物の頭。

「ザ・N・W・R・A」の形式は、触手の生えた忌まわしいトータルの身体と同様、有機的な全体性とは相容れないものだ。それはグロテスクな混合物であり、ともにあるべきではない部分からなるコラージュである。そのモデルとなるのは物語ではなく中編小説（ノヴェッラ）であり、話の筋は、他言語からなる文体や語調の氾濫を用いながら、ばらばらな複数の視点から語られていく。喜劇的でもジャーナリスティックでも風刺的でも小説的でもあるそれは、ラヴクラフトの『クトゥルフの呼び声』を『ユリシーズ』のジョイスが書きなおし、十分に圧縮したような何かだといえる。そこから読みとることのできるものによるならトータルは、――はじめからスパイが入りこみ裏切られている――ある計略の中心にいる。その計略は北部にふたたび栄光を、おそらくはそのヴィクトリア朝時代のような経済と産業の覇権を、あるいはそれよりもっと古い時代の高い地位を、それ以前のすべてを翳らせるような偉大さをもたらすことを狙うものである。スミスのヴィジョンのなかで北部は、地域性にもとづいた首都にたいする罵倒に関係する以上に、都市におけるよき趣味によって抑制されたものすべてのもの、秘教的なもの、異常なもの、低俗で崇高なもの、つまり他でもなく奇妙でグロテスクなものを意味するものになっていく。「駝鳥の被り物」や「羽」、「オレンジがかった赤い紐」や「青みがかった黒い紐」、そして「淡いブルーの植物の頭」といったグロテスクな身なりで飾られたトータルは、この奇妙な反乱における妖精王（フェアリー・キング）を自称するが、しかしけっきょくのところ彼は、障害をおった漁夫王（フィシャー・キング）になり、けっして始まることのないカーニバルの残骸のなかで、通俗的なモダニズム版のミス・ハヴィシャム〔ディケンズ『大いなる遺産』の登場人物。結婚式の当日に恋人に裏切られ、そのままウェディングドレスを着つづけている〕のように見捨てられることになる。彼は社会的なリアリズムにたいする失敗した攻撃の象徴になり、空想的な指導者になり、抗精神剤の効果が薄れ、熱狂が冷めていくなかで、ふたたび疲れきったキャバレーの芸人に戻されてしまう。

スミスは、奇妙なものにたいする言及で溢れている一九八二年のアルバム『ヘックス・エンダクション・アワー』において、ふたたび怪奇譚（ウィアード・テイル）を取りあげている。「ジョーボーン・アンド・ジ・エア・ライフル」という曲では、ある説教師があやまって墓を破損してしまい、「呪いの菌を／崩壊兄弟魔術教会の菌を伝染させる」顎の骨（ジョーボーン）を墓の外に出してしまうことになる。M・R・ジェイムズの「猟奇への戒め」や「笛吹かば現れん」、あるいはラヴクラフトの「インスマスの影」といったテクスト、ハマー・フィルム・プロダクションのホラーや『ウィッカーマン』（＊14）といった映画へのそれとない言及から織りなされているこの歌は、以下のとおり、村人たちからなる群衆が松明を振りまわすなかで、サイケデリックかつ精神病的（サイコティック）な崩壊へと向かっていく。

> 彼は街頭で顎の骨を見る／広告は肉食獣に変わる／そして道路工事の労働者たちは顎の骨に変化し／彼は厚くヘドロに覆われた島々の幻想を見る。／村人たちはプレハブのまわりで踊り／歪んだ口で笑う。

「ジョーボーン・アンド・ジ・エア・ライフル」はイギリスのコメディ・グループ、リーグ・オブ・ジェントルメンのコントに酷似している。リーグ・オブ・ジェントルメンの熱狂的なカーニバルは、——繰りかえされる怪奇譚（ウィアード・テイル）への言及や、笑うべきものと笑うべきではないものを頻繁に結びつけるその手法において——ザ・フォールからの影響を自認しようとする音楽グループの大半よりも、はるかにその後継者に値するものだ。

＊14　映画『ウィッカーマン』（*The Wicker Man*）一九七三年：監督ロビン・ハーディ／出演エドワード・ウッドワード、クリストファー・リー他。スコットランドの架空の孤島を舞台にした作品で題名はドルイド教儀式にちなむ。原始宗教〜古代土着文化が主要モチーフとなっており、公開当時はヒットしなかったものの俗にいう「フォーク・ホラー」ジャンルの古典としてカルト人気を誇る（近年ではアリ・アスターの『ミッドサマー』と比較され、レディオヘッドの二〇一六年のシングル〝バーン・ザ・ウィッチ〟のPVでもオマージュされた）。ニール・ラビュート監督／ニコラス・ケイジ主演のアメリカ版リメイク（二〇〇六）もあり。

一方で、レイキャヴィーク〔アイスランドの首都〕にある溶岩沿いのスタジオで録音された「アイスランド」では、その起源である凍てつく土地のなかで、消えていく北欧文化の神話と出会ったことが歌われる。ここでは、グロテスクな笑いは消えている。眠りを誘うようにゆっくりとうねる、瞑想的で悲しげなこの曲は、凍えるような雰囲気のなかで、ニコの「マーブル・インデックス」（＊15）にあらわれる骨のように白い草原地帯を連想させるものだ。肌を刺すような風の音（それはスミスがカセットに録音したものである）が曲を襲うなかでスミスは、「自分の魂に呪文をかけろ」とわれわれを促すが、これもまたM・R・ジェイムズにたいする言及であり、その物語「呪文をかける」〔邦題は「人を呪わば」〕に由来している。「アイスランド」という曲は、失われていくヨーロッパの奇妙な文化のなかにあって、どんどんと後退していくホブゴブリンやコボルドやトロールに捧げられた偶像の黄昏であり、その最期の息吹をテープにとらえた、怪物たちや神話にたいする一つの哀悼なのである。

最後の神人たちを目撃せよ
クラーケンたちのためのメモレックス（＊16）

＊15　ニコの「マーブル・インデックス」
おそらくニコの一九七〇年のアルバム、『デザートショア』の間違いかと思われる。

＊16　Memorex：カセットテープを製造した企業。転じてここではカセットテープそのものを指す

ウロボロスの輪にとらえられて
――ティム・パワーズ

テンプルトンは屋根裏部屋に座ったまま動かず、古い航海用時計が刻む当てにならない不規則な音に没頭しながら、JC・チャップマン〔文脈から一八世紀後半から一九世紀前半に活躍した木版画家のJohn Chapmanで間違いないと思われる〕による取りつく島のない木版画をめぐる瞑想に耽っている。長くカントの肖像として受けとられてきたこの複雑なイメージはいまや、彼自身の年代記的苦境の不穏な標章のように見える。安定した枠組みを嘲笑うかのように、その絵はウロボロスが螺旋を描く異様なループによって取り巻かれている。この宇宙的な蛇は、終わりなくそれ自体を飲みこむことで、数字の8の字の姿を――そしてメビウスの永遠の姿を――描いている。

――サイバネティクス文化研究ユニット「テンプルトン挿話」

SF小説が描く「時間のパラドックス」は、象徴的プロセスの基本構造、いわゆる内的な、内側に反転された8の字が、幻覚的に「現実界のなかに出現」したものではないかと考えたくなる。その基本構造とは、一つの循環構造であり、いわば一つの罠である。なぜ罠かというと、われわれは転移のなかでわれわれ自身を「追越し」、われわれがすでにいた地点にいるのを後になって発見するという方法によってしか前進することができないのだ。パラドックスは次のような事実のなかにある。この余計な回り道、つまり、われわれ自身を追越して（「未来への旅」）、それから時間の方向を逆転させる（「過去への旅」）という余分な罠は、たんにいわゆる現実のなかでこれらの幻想とはかかわりなく起きる客観的プロセスにたいする主観的幻想／知覚ではない。むしろこの余分な罠は、いわゆる客観的プロセスそのものの内的条件・内的構成要素である。

——スラヴォイ・ジジェク『イデオロギーの崇高な対象』

タイムトラベルの物語には、本来的に奇妙な次元が備わっているのではないだろうか。タイムトラベルの物語とはけっきょくのところ、その本性そのものによって、同じところに属してはいない存在や物体を組みあわせるものだ。ここでの諸世界間の敷居は、異なる時間のあいだの旅を可能にする装置であり——それはタイムマシンかもしれないし、じっさいに時間を横断していく扉や門の一種でもありうる——、奇妙な効果はこの場合、時代錯誤の感覚としてあらわれることになる。だがタイムトラベルの物語に時間のパラドックス（の数々）が含まれている場合、もう一つの奇妙な効果が引きおこされる。タイムトラベルにおけるパラドックスはわれわれを、ダグラス・ホフスタッター（＊17）が「異様なループ」や「錯綜したヒエラルキー」と呼ぶ構造へと——つまり原因と結果のあいだにある整然とした区別が最終的に引き裂かれることになる構造へと——向かわせていくのだ。

　ティム・パワーズの『アヌビスの門』には、タイムトラベルが生みだすパラドックスにかんする物語にたいする、驚くほど創意に溢れた解釈が見られる。モデルとなっているのはロバート・ハインラインの『輪廻の蛇』や『時の門』だが、しかしおそらく、『アヌビスの門』に何より近いその先駆といえるのは、マイケル・ムアコックによる一九六九年の中編『この人を見よ』だろう。そのなかで主人公のカール・グロガウアーは、一九六〇年代から二〇〇〇年前に戻り、磔刑という出来事も含めてキリストの生をあらためて創造する——あるいはそれをはじめて生きる——ことになる。

　じっさいのところ『アヌビスの門』は、怪奇譚（ウィアード・テイル）が拡張されたものだといえる。魔術や身体

＊17　ダグラス・ホフスタッター（Douglas Hofstadter）
アメリカの認知科学、物理学、比較文学研究者（一九四五〜）。「異様なループ（strange loop）」（定訳「不思議の環」）も「錯綜したヒエラルキー（tangled hierarchy）」（定訳「もつれた階層」）も、著書『ゲーデル、エッシャー、バッハ』（野崎昭弘＋はやしはじめ＋柳瀬尚紀訳、白揚社、二〇〇五年、原著一九七九年）で提出される概念。メビウスの環のように、あるものがいつの間にかその反対になっているような構造、再帰的・自己参照的なものを捉えるためのことば。不完全性定理、エッシャーの騙し絵（本書七三頁参照）、バッハの無限に上昇するカノンなど。

の変形や異常な存在の数々にたいする言及が満載されているが、この小説がもつ奇妙な負荷の主な源泉は、凶悪なループへと捻れていく時間にある。『アヌビスの門』のなかで、学者のブレンダン・ドイルは、風変わりな大富豪のクラレンス・ダロウによってタイムトラベルの実験に誘いこまれる。ダロウには死が迫っているが、延命のために必死で進めてきたあきらかに狂っている途方もない研究をつづけるうちに彼は、一九世紀前半のロンドンの民間伝承のなかにある「犬面ジョー」の物語にたどりつく。入念な学識と大胆な推測からなる過程によってダロウは、ジョーが身体から身体へとその意識を移し替えることができる魔術師であること、しかしそうしたジョーによる身体の盗用には、不幸な副作用があることを突きとめる。ジョーがそのなかに入るとほとんどすぐに、盗まれた身体には類人猿に似たおびただしい量の毛が生え、新しい所有者はその身体に切り替えたあとすぐに、それを捨てることを余儀なくされてしまうのだ。いうまでもない理由からダロウは、この冒涜的な転生を可能にする秘密を手にすることを望んでいるわけだが、彼の研究のなかではすでに、時間の川のなかにある「穴」が、つまりそれを通りぬければ過去へと入っていくことが可能になる門が発見されている点からして、どうやら彼は、身体を切り替える件の魔術師と連絡を取る手段を手にしているらしい。ドイルの役割は、ダロウが集めてきた超富裕層の時間旅行者たちのための一種の文学的なツアー・ガイドのようなもので、コールリッジの講演が聴ける可能性に引かれた彼らが支払う百万ドルという料金が、その旅の資金を賄うことになっている。

一九世紀に到着するとドイルはすぐに、『オリバー・ツイスト』のようでもあり、バロウズの『ウエスタン・ランド』のようでもある（同作は『アヌビスの門』よりもあとに出版されているのだから、これは時代錯誤だが）、リゾーム的なロンドンの裏社会に連れさられてしまう。パワーズが描く幻影的なロンドン（その黙示録的な鮮烈さは、ジョン・クルートをして同作を、「テムズ川沿いのパンクスたちからなるバビロン」と表現させることになる）は、ロマや双子の魔術師、詩人や乞食、行商人や物真似芸人などを巻きこみつつ、エジプトの多神教的な魔術と、イギリス経験論の陰気な実証主義が相対する戦場と化している。

しばらくするとドイルは、仕方なく自分の運命を受けいれはじめ——文学のジャンルにもとづいていうなら彼の運命は、SF的な手段によって一九世紀のピカレスクを生きることを余儀なくさせるものだといえる——、家に戻るという望みをほとんど諦めるようになっていく。彼は一九世紀の生活にできるかぎり馴染むことにして、乞食の身から抜けだすもっとも現実的な望みとなるのは、自身の文学研究をとおして精通していたマイナー詩人であるウィリアム・アッシュブレスと連絡を取ることなのだと覚悟を決める。

こうしてドイルはある朝、ジャマイカ・コーヒーハウスに向かう。アッシュブレスの伝記作家によればそこは、このアメリカの詩人が「夜の一二時間」という叙事詩を書くことになる場所である。だが約束の時間になっても、アッシュブレスの気配はない。はじめは動揺しやがて落胆したドイルは、アッシュブレスを待つあいだ、記憶をたどってぼんやりと、「夜の一二時間」を書きしるす。

やがて彼はさらなる計略に巻きこまれ、しばらくのあいだアッシュブレスのことを忘れてしまう。するとあるとき、奇妙というよりぞっとする瞬間が訪れる。ドイルは誰かが口笛でビートルズの「イエスタデイ」を吹いているのを聞く、あるいは聞いたような気になるのだ。二〇世紀からの一時的な移住者たちのグループがじっさいに存在し、一九世紀のロンドンに住んでいるのだということを確認することができたのは、一日ほどたってそのリフレインがふたたび口笛で吹かれているのを聞いたあとだった。彼らはダロウの配下で、犬面ジョーの捜索を手伝う任務に就いていることが判明する。ドイルは彼らのうちの一人で、元教え子のベナーに出会うが、彼はいまやパラノイアになり、白髪の廃人となって、ダロウが自分のことを殺そうとしているのだと確信している。彼とドイルは数日後にまた会うことにするが、再開のとき、ドイルはかつての友人の行動が先日よりもさらにおかしなものになっていることに気づく。ドイルはその理由を悟るが、もはや遅すぎた。ベナーの身体は犬面ジョーに奪われてしまっていたのだ。ドイルにとってこのことは、自分自身がジョーに捨てられたベナーの身体のなかにいることに気づいたとき、はじめてあきらかになる。

何もかもが露見していくなかで、ドイルはショックを受けるが、しかしそれはいまや、読者にとって何の驚きでもない。すなわち、ドイルとはアッシュブレスなのである。あるいはむしろ、（ドイルにとって以外）アッシュブレスなど存在しないのだ。「夜の一二時間」の草稿がもつ特殊な（非）時間的地位について熟考するなかで、ようやくドイルは、このことがもつ含意のすべてを整理しはじめることになる。

新たに左利きになった手で書き写しているその詩の文字は、普段の自分の字とは異なっていたが、しかし彼は、［……］さほど驚くことはなかった――むしろそれは見慣れたものだった。それはアッシュブレスと同一のものだったのだ。全行書きおわったとき、ドイルは確信した。いま自分の書いたこの原稿と、一九八三年の世界で大英博物館が収蔵することになるアッシュブレスの草稿、この二つをスライドに撮り、重ねあわせたとしたら、そこに記された文字は、コンマの一つ一つから「i」の上の点に至るまでぴったりと重なりあうはずだ。

だが「草稿」とはいったい何だ？　畏怖や畏敬の念が湧きあがる。いま机の上にある一束の紙こそが「草稿」なのではないか。唯一違うのは、一九七六年にはじめて見たときより新しいということだけだ。あぁ！　もしあのとき、そこに書かれた字が自分のものだと分かっていたら、あんなに感動したりしなかったのに。だとすれば最初の方の頁についていた油の染みは、いったいいつどこでどうやってついたんだろう。
　ここで彼は突然、ある考えに打たれた。ああ神様、あきらかにこの宇宙がそう意図しているとおり、これから自分がアッシュブレスとして生きていくのだとしたら、その詩は誰も書いていないことになる。私は一九三二年版の『詩集』を読んだ記憶からそれを書き、それは雑誌に載り、そしてそれが『詩集』になる！　ループは閉じられている、詩は誰にも創造されていない！……私は世話係で、管理人（ケアテイカー）にすぎないんだ……。

　同じく時間から追放された彼の不幸な仲間である『シャイニング』のジャック・トランス同様、ドイルは**つねに管理人（ケアテイカー）だった**のだ。ここでは、紋中紋（ミザンナビーム）の構造が、創造されていないものというスキャンダルによって、また同時にそうしたものが存在することを可能にしている捻れた因果性によって、奇妙な負荷を生みだしている（こんなふうに、あらゆるパラドックスには、その一つ一つにまつわる奇妙なものの手触りが備わっているのかもしれない)。

ドイルが出会うアッシュブレスにまつわる謎は、その解決が——あるレベルにおいて——自分自身にしかないのだと自覚されると、一度は喜劇的なかたちで収縮していく。「もしあのとき、そこに書かれた字が自分のものだと分かっていたら、あんなに感動したりしなかったのに」。だがそうした収縮のすぐあとに、詩人にたいする最初の熱狂をはるかに超える畏怖や畏敬の念がやってくることになる(そんな詩は誰にも創造されていないのだ!)。

自分がアッシュブレスになる運命にあること——いいかえれば、つねにすでに自分はアッシュブレスだったこと——に気づくと、ドイルはあるジレンマに直面する。そのジレンマとはすなわち、はたして自分は、自らが宇宙の意志だと見なしているものにしたがって行動するのか否かというものだ(彼にアッシュブレスの立場で生きることを「望んでいる」のは「宇宙」なのである)。ここでドイルが直面しているのは、決定論が意志を凌ぎ、「宇宙」に属する意志さえもはるかに凌ぐ不変性をもっているという問題である。彼は、自分がアッシュブレスとしておこなうだろうことのすべては、すでに起こっていることなのだということを受けとめることができない。このことに直面することができないということを引き起こしている障壁こそ、超越論的なものである。すなわち主観性というものは、物事は変わりうるのだという幻想を前提にしている。主体であるということは、——じっさいにはそうではないと自覚していたとしても——自分自身を自由なものとしてしか考えられないということなのだ。ドイルの前提を支えているのは、「もう一つの過去」という、一見して自然なものに見える仮説である。すでに記録されているアッシュブレスの伝記に反することが起こる可能性を開いておくためにドイルは、自分が何らかのかたちですでに記録されているものとは「別の過去」に参加しているのではないかという可能性を考えることを強いられているわけだ。だが、ドイルがそうした「別の過去」を想定することによってこそ、彼がすでに起こったことにしたがって行動することが確たるものになるのだという点にこそ、完全なパラドックスが存在している。アッシュブレスはすでに彼がそうであったところのヒーローになり、結果としてけっして脅かされることのなかった秩序を回復する者になる。すべてはいつもどおり。だがドイルと読者だけが知っているとおり、ただいまこの瞬間にだけ、何か奇妙なものが生じているのだ。

シミュレーションと非世界化
――ライナー・ヴェルナー・ファスビンダーとフィリップ・K・ディック

　異様なループによって生みだされる奇妙な効果にはもう一つのタイプがある。ここでいう異様なループとはたんに、タイム・ループを主題にした物語に触れつつ先の章で論じたような、原因と結果の錯綜を含むだけではなく、存在論的なレベルにおける混乱も含んでいる。ブライアン・マクヘイルはその著書『ポストモダン的フィクション』の大部分を、こうした混乱の分析に割いている。存在論的に「劣った」レベルにあるはずのものが突如として一つ上のレベルにあらわれたり（シミュレートされた世界の登場人物が、そうしたシミュレーションを生みだしている方の世界に突然あらわれる場合）、存在論的に「優れている」レベルにあるはずのものが、一つ下のレベルにあらわれたり（作者がその登場事物たちと相互にかかわりを持つ場合）するわけである。たとえばエッシャーのイメージは、こうした異様なループによる逆説的空間を例証している。エッシャーのイメージがもたらす効果には決定的に奇妙なところがあるが、けっきょくのところそれは根本的に、何かが間違っているという感覚にかかわっている。つまり様々なレベルが錯綜し、事物があるべきところに存在していないのだ。

マクヘイルは以下でも扱うディックに言及しているが、とはいえ彼が論じているテクストの多くはいずれも、上記のような諸世界の混乱を、文学的でメタフィクション的な帯域で表現するものばかりである。一方で私としてはここで、シミュレートされた世界、あるいは埋めこまれた世界をめぐる問いを、——SFというジャンルの境界において——奇妙さを強調するかたちで取り扱っている、二つのテクストを論じてみたい。

まずは、公共TV局である西ドイツ放送のために、一九七三年に制作された二部構成のドラマ作品『あやつり糸の世界』を見てみよう。この作品はあのライナー・ヴェルナー・ファスビンダーによるダニエル・F・ガロイのSF小説『模造世界』の映像版として制作されている。そのオープニング・シーンの一つに、一つの鏡を中心にしたものがある。その鏡とは、シミュラクロンなる計画の責任者フォルマー教授が、あきらかに混乱した様子で、「お前は他人がお前に抱いているイメージにすぎない」といいながら、同僚の顔の前で狂ったように振りまわす小さな手鏡のことだ。シミュラクロン計画は、コンピューターによって生みだされた一つの世界を創造し、そしてその世界には、自分のことをじっさいの人間だと信じている「アイデンティティ・ユニット」なる存在が住んでいる。フォルマーが亡くなり、プログラマーのスティラーがその地位を引き継ぐと、すぐに彼は、フォルマーを狂気に追いやった問い——すなわち、自分たちが生きている「現実の世界」もまたシミュレートされたものなのではないか、それもまた「より現実的な」上位の世界によって設計されたのではないかという問い——にとらわれるようになる。

映画のなかで周囲を取り囲んでいる社会のシーンは、われわれは〔何者かによって〕われわれが感知されたとおりに存在しているのだというフォルマーの考えを裏づけているかのように見える。ほとんどのシーンにおいて反射的な表面が取りあげられ、もっとも印象に残るシーンのいくつかは、反射の反射を、シミュレーションの無限後退を提示している。奇妙なことに、群衆シーンの背景にいる人々は、まるで舞台の観客であるかのように、興奮しつつも動きがない。また序盤のあるシーンは、一九七〇年代のブライアン・フェリーのアルバム(＊18)から飛びだしてきたかのようなものである。怪しげで退廃的な雰囲気が漂うなか、プールサイドで無為に過ごすビジネスや文化のエリートたちがモデルのようにぶらつき、覗き魔のようにぼんやりとあたりを眺める一方で、プールに反射する光が、当時の未来主義的なインテリアを照らしている。

タルコフスキーが『惑星ソラリス』や『ストーカー』といった作品でSFを取りあげたときと同様(これらの作品についてはのちに取りあげる)、ある種のSFの習慣から逸脱していること

＊18　一九七〇年代のブライアン・フェリーのアルバム
ブライアン・フェリーはロキシー・ミュージックのヴォーカリストとして知られるが、ここでは、一九七四年のソロ・アルバム『アナザー・タイム、アナザー・プレイス』における白いスーツに蝶ネクタイ姿を連想したと思われる。

とによってファスビンダーは、『あやつり糸の世界』に特別な負荷を与えている。この点はとくに、『スター・ウォーズ』や『マトリックス』を踏まえると明確になる。これら二つの映画は特殊効果をその特徴としたが、『あやつり糸の世界』にはとくに話題にするような視覚効果は存在していない。もっとも顕著な「効果」といえるのは、人をはっとさせるようなレディオフォニック・ワークショップ（＊19）風の電子音楽が不規則に流れ、ときに突如として盛りあがりを見せる点であり、そうした音楽は、現実性それ自体にひびが入るように、ファスビンダーの特徴である自然主義に介入してくることになる。

『あやつり糸の世界』では、シュミラクロンの世界にいるアイデンティティ・ユニットであり、サイバネティクス未来研究所の職員たちがシミュレートされた世界と直接連絡を取るための存在である「アインシュタイン」という存在によって、異様なループが生みだされている。こうした連絡機能を果たすために、アインシュタインは当然、自分がシミュレートされた存在であることに自覚的でなければならない。しかしそうした知識は結果として彼のなかに、「現実の」世界に這いあがろうとする欲望を――しかし、暗に示されているとおり、叶えられることはありえない欲望を――生みだすことになる。

『あやつり糸の世界』における存在論的な恐れ――すなわち、われわれのこの世界はシミュレートされたものではないのかという恐れ――は、数多くのフィリップ・K・ディック

＊19（BBC）レディオフォニック・ワークショップ　一九五八年、ダフネ・オラムとデズモンド・ブリスコーによりBBC内に設立された、効果音などを担う部門。その後のエレクトロニック・ミュージックに大きな影響を与えた。本書一三九頁で論じられる『クウェイターマスと穴』（一九五八～五九年）は、『ドクター・フー』と並んで彼らの代表的仕事のひとつに数えられる。

の作品や、その模倣者たちの作品の映画版をとおして、いまやすっかり慣れ親しんだものになっている。だがじっさいにはディックのフィクションの翻案ではないにもかかわらず、『あやつり糸の世界』は、少なくともそこに繰りこまれた三つの世界をそれぞれに等しく単調なものとして見せている点において、公認されたディックの翻案作品よりも、彼の作品がもつ歪んだ痛烈さをより強く共有している。じっさいのところ、「下の」世界（シミュラクロンの内部の世界）が映されることはほとんどなく、上の世界（最初に現実だと思われた世界より一段階上の世界）はほぼまったく登場しない。下の世界は、ホテルのロビーや大型トラックの運転席のなかで一瞬垣間見えるだけである。だが映画のクライマックスにおいて啓示される――あるいは啓示などないことが示される、といってみてもいい――上の世界は、きわめて驚くべきものだ。グノーシス的な変容の代わりにそこには、きわめて凡庸なオフィス街にある会議室のようなものが登場するのだ。はじめこそ電動のブラインドが降りていて、それが上がってはじめて見えることになる何かしらの驚異的な――あるいは少なくとも異様な――世界が存在している可能性が、わずかなあいだ開かれたままになっているが、しかしそれが上がってしまうと、われわれはただそこに、灰色の空と街の風景を見いだすだけなのである。スティラー（その名前はいまや特別な意味を帯びている〔「Striller」とはドイツ語で「動きのない」の意〕）は、――「上の世界」に這いあがるという――自身の目的を達成するが、しかし彼は、どこかからどこかへ「移動」したわけではない。ゼノン的な状況は、『インセプション』においてモルを破壊していく苦悩の先触れとして、欲動の奇妙なトポロジーに従う存在論的不安というかたちをとって残りつづける。最初の生活世界にたいするスティラーの信念が粉々になると、いかなる現実であれそれを十分に信じる可能性は存在しなくなるのだ。

三つの世界の違いは、（登場人物のにせよ観客のにせよ）経験のレベルでは接近不能なものであり、ファスビンダーは『あやつり糸の世界』のなかで、「認知的疎外」というダルコ・スーヴィン（＊20）によるよく知られたSFの定義に完全に適合するものを生みだしているかのようである。スティラーは誰もが現実だと見なしている世界がシミュレートされたものであることを悟って悲しみ嘆き、認知的疎外を余儀なくされて、そしてそのまま精神病の発作に見舞われることになる。彼の経験の**内容**はあらゆる点で以前と変わらないにもかかわらず、いまやそれはシミュレートされたものに分類され、結果として精神病的なものに変化することになるのだ。しかし、ディックの小説ではしばしばあることだが、精神病という地点は同時にまた、真実の地点でもある。

「認知的疎外」はここで、非世界化〔unworlding〕という形式を、つまり基盤や基準として働き、現実的なものを究極的に確保し有効にするような、「根底的な」段階が存在しているのだという感覚が失われ、奈落の底に落ちていくという形式を取っている。映画は認知的奇

＊20　ダルコ・スーヴィン（Darko Suvin）ブレヒトの研究でも知られる、マルクス主義文化批評家／文学史研究者（一九三〇〜）。現クロアチアはザグレブ出身。七〇年代、（フィッシャーに影響を与えたひとりである）フレデリック・ジェイムソンらとともに学術誌『サイエンス・フィクション・スタディーズ』に携わる。主著『SFの変容』（大橋洋一訳、国文社、一九九一年、原著一九七九年）で彼は、SFの重要性を「認知的疎外（cognitive estrangement）」（「認知的異化」）に見出す。SFにおける、常識から外れた世界設定や人物像などにより、われわれの現実の常識が問い直される、ということ。

妙さと呼びうるようなものを生みだすが、そのなかにおける奇妙なものが、直接見られたり経験されたりすることはない。あくまでもそれは、映画の形式的なリアリズムから現実性という感覚のすべてが奪われることによって生みだされる、認知的な作用としてあるのだ。

一九五九年に刊行されたフィリップ・K・ディックの『時は乱れて』は、リアリズムにたいする同じような疎外をおこなうものであると同時に、非世界化の別のヴァージョンを示すものでもある。じっさいのところこの小説は、ディックがアメリカの小さな町の「リアリズム的な」姿を構築していくさいの、その筆致の丹念さにおいて注目されている。はじめてのディズニーランド——LAにできたそこに、ディックは頻繁に通うようになるだろう——が開園した二年後〔開園は一九五五年なので、じっさいには四年後〕に書かれたこの小説は、文学的なリアリズムを一種のディズニー化として取り扱っている。ディックによる存在論的な目眩の典型的な例として、小説のなかで丹念に描かれた小さな町は最終的に、実質のない境面、催眠的な暗示、陰性幻覚からなる複雑なシステムであることがあきらかにされるのだ（最後の陰性幻覚という点については、のちにあらためて取りあげる）。こうしたクライマックスは、批判的なメタフィクションやSFとの関連で容易に読みとくことができるものである。というのも、じっさいのところリアリズム的なフィクションの設定も、それらと同様のシステムをもつものに他ならないからだ。そもそも、著者がそうしたシミュレーションの技術の文学的な等価物に用いるのでなければ、いったいどうやって「現実効果」が生みだせるというのか。『時は乱れて』においては、リアリズムという機構が一連の特殊効果として表現しなおされているのだといえる。

奇妙なものの感覚はこの小説のなかで、諸世界の衝突によってではなく、「リアリズム的な」世界から「非世界」への移行によって生みだされている。シミュレーションへと格下げされることによって、リアリズム的な世界は侵害されるのではなく、消去されるのだ。この小説において、小さな町をめぐるシナリオ全体は、一つの計略として構築されている。つまりそれは、主人公が、自分では新聞の紙上でおこなわれている取るに足りないクイズ大会に参加しているのだと考えていながら、じっさいには強い緊張を強いる政府のための軍務に参加しているという展開にうってつけの舞台として構築されているのだ。しかしディックにとってこうしたSF的な要素が、五〇年代のアメリカをつつがなく自然主義的なかたちで描くことを可能にするための口実だったことはあきらかである。そうした要素は枠組みとなる装置なのであり、それがあればこそ、ディックの純粋なリアリズム的なフィクションが失敗するなかにあって、『時は乱れて』の成功が可能になったのだ。

フレデリック・ジェイムソンは、『ポストモダニズム——後期資本主義の文化論理』のなかで、『時は乱れて』が生みだしているノスタルジーがもつ独特な痛みをとらえている。そのノスタルジーとは、自らがその終わりのなかで書いていた五〇年代という時代に典型的なイメージからなる星座を描くことによってディックが作りあげた、**現在へのノスタルジー**である。

アイゼンハワー大統領の心筋梗塞、メインストリートUSA（「古きよきアメリカ」を再現したディズニーランド内の区画）、マリリン・モンロー、隣人たちやPTAからなる世界、小規模小売店（商品は外からトラックで運ばれてくる）、お気に入りのTV番組、隣の家の主婦とのちょっとした浮気、商品のかかったクイズの番組や大会、天空でただ明滅するだけで、旅客機や空飛ぶ円盤と見分けがたく、はるか頭上を独力で運行していくスプートニク号。

（じっさいにはモンローは、小さな町がシミュレートされたものであることを解明することに繋がる異常事態の一つとして扱われている。というのも彼女は、再構築された一九五〇年代には組みこまれておらず、主人公が「都市の境界の外部にある」荒れはてた土地で、じっさいの五〇年代の遺産である朽ちかけた雑誌を見つけたときにはじめて彼のもとに登場するからだ。）

注目すべきなのは、ディックが一九五九年の時点ですでに、遡行的にその年代を定義することになる、上記のような五〇年代アメリカの典型的な特徴の数々を識別しえているということである。賞賛されるべきなのは、ディックがもつ未来に身を置く能力ではなく――この小説における一九九七年は、ありきたりなSF的な文彩と地続きなものであり、それが埋めこまれているあきらかに偽物の五〇年代よりはるかに説得力に欠けるものだ――、むしろ彼がもつ、未来が五〇年代をどう見るのかを想像する能力ゆえなのだ。そこに示されているのは、すでに一つのテーマパークとして思い描かれている五〇年代であり、前もってなされている再構築なのである。ディックによるシミュレートされた小さな町は、二〇世紀前半についてのディズニーの記憶のようにキッチュ化されたものではない。むしろそこには、ジェイムソンが自然主義の「キャベツ臭さ」と呼んでいるものが正確に表現されている。

> 幸福の悲惨さ［……］、マルクーゼのいう偽りの幸福の悲惨さ、新車の喜び、調理済みの冷凍食品を食べながらソファーで観るお気に入りの番組――これらはいまやそれ自

体として密かな悲惨であり、自らの名前を知らない不幸、本物の満足や充足と出会ったことがないゆえに、そうしたものと自分を区別するすべを知らない不幸である。

この生暖かい世界のなかでは、環境化した不満がいたるところに潜み、冷蔵庫やTV機器やその他の耐久消費財から霧のような不快感が発散されている。そうした悲惨な世界は鮮烈さをもち、――悲惨さそれ自体によって高められる――説得性をもつが、しかしどういうわけかそれらの感覚は、その世界の地位が構築されたシミュレーションに降格されるとき、よりいっそう強烈なものになる。世界はシミュレーションでありながら、しかしなおも現実的だと**感じられる**のだ。

ディックの作品がもつもっとも力強い部分として、そのなかで存在論的な空位状態が生じている例が挙げられる。そうした箇所には、トラウマ的な非世界化にいまだ物語上の動機が与えられていない。それは別の象徴体制にふたたび組みこまれることを待つ未解決の空間になっている。『時は乱れて』の場合、そうした空位状態は、一つの異常なシーンというかたちをとる。そのシーンでは、一見して退屈なものに見える日常的な自然主義の対象――ガソリンスタンドとモーテル――が、ほとんどナルニアの森の境界にある街灯の否定的なヴァージョンとでもいえるようなかたちで作用している。C・S・ルイスの描く街灯とは異なり、それらの対象は新たな世界の敷居を示すのではない。代わりにそれらは、現実界〔ラカンの用語。編注31を参照〕という砂漠へと――つまり構成された世界を超えた空虚へと――向かう道の道標を構成している。街の境界にあるガソリンスタンドに焦点が当たると、文学的なリアリズムの背景である家具が突如として前景に迫って感じられ、周縁的光景の見慣れた姿が異邦的な何かへと変わっていく、物体の顕現する瞬間が訪れるのだ。

家は少なくなっていった。車はガソリンスタンドやけばけばしいカフェやアイスクリームスタンドやモーテルの横を通りすぎていった。侘しいモーテルがつづく風景にレイグルは思った。まるでもう何千キロも走りつづけ、見知らぬ街に入っていくみたいだ。こんな異邦的で、こんなに荒涼として親しみのまるでない光景は見たことがない。自分の住んでいる町のはずれに、こんな――格安の――ガソリンスタンドやモーテルがあったなんて。これじゃどこの町とも分からない。そうでありながら、そんな町を受けいれなければならないんだ。ひと晩だけじゃなく、自分の住んでいるその町に住みつづけようというかぎり。／だが私たちはもうここに住みつづけるつもりはない。

私たちは町をあとにしつつある。永遠に。

エドワード・ホッパーがベケットのもとに転がりこんでいくようなシーンであり、自然（主義）の風景が、すっかり空になった単調さのなかに――ひとけはないがいまだ産業化され商業化されたままである、ミニマルで擬似抽象的な空間のなかに――崩れ落ちていくかのようだ。「最後の交差点、市域の外に配置された工場群に至る道路、鉄道路線……。彼は恐ろしく長い貨物列車が停まっているのに気づいた。工場には化学物質のドラム缶が吊りさげられている」。まるでディックは、文学的なリアリズムの設備や備品をゆっくりと片づけ、数ページ前で次のように書いている非世界化への道を整えているかのようである。

実質のない空虚な外殻。太陽はもう明るく輝いていない。暖かな日はなく、静かに雨の降る冷たい灰色の毎日がつづく。降りしきる雨。おぞましい死の灰を含んだ雨がすべてに降りそそぎ浸透していく。草原には一本の草もない。断ち切られ焼け焦げた木の根だけを残して。汚染された水たまり……。［……］生命のない外郭だけの存在――

十字架に支えられた白くうつろな案山子。ニヤニヤ笑いを浮かべて。目はただの穴。それを通して全世界が見える。私はその内側にいて、そこから外を覗いている。小さな裂け目から窺っている。見えるのは空虚。その空虚な目の奥を覗きこむ。

カーテンと穴
――デヴィッド・リンチ

デヴィッド・リンチによる最近の二つの映画――『マルホランド・ドライブ』と『インランド・エンパイア』――は、鋭く凝縮された奇妙さを示している。『ブルー・ベルベット』（一九八六年）やＴＶシリーズの『ツイン・ピークス』（一九九〇年から九一年、第三シーズンが現在製作中〔二〇一七年五月から九月に放映〕）を含むリンチの初期作品は、しばしば人を当惑させるようなものである一方で、一見したところ表面的な一貫性をもっているように見える何かを提示していた。映画にせよＴＶシリーズにせよ――少なくとも当初は――、（ディックの『時は乱れて』で描かれたそれと似ていなくもない）理想化された典型的なアメリカの小さな町と、他の多様な――あるいは裏の――諸世界（犯罪やオカルト）との対立を中心にして構築されたものだった。それぞれの世界の分割はしばしば、リンチが頻繁に喚起する視覚的なモチーフの一つであるカーテンによってしるしづけられていた。カーテンとは、何かを隠すと同時にあきらかにするものだ（そしてカーテンが隠し、あきらかにするものの一つに、映画館のスクリーンそれ自体があることは偶然ではない)。カーテンは敷居をしるしづけるだけではなく、それを構成する。すなわちカーテンとは、外部にたいする出口を構成するものなのだ。

だが二〇〇一年に公開された『マルホランド・ドライブ』では、『ブルー・ベルベット』や『ツイン・ピークス』を構築していた対立が崩壊しはじめている。部分的なその理由としてはおそらく、小さな町という舞台からLAに焦点が移ったことが挙げられるだろう。夢や夢幻的なものにたいするリンチのいつもの没頭はいまや、ハリウッドという夢の工場を介して製作された夢の数々によって、屈折し倍加している。ハリウッドという舞台は、——映画のなかの映画(そしておそらくは映画のなかの映画のなかの映画)や、スクリーンテストや、演じられた役や、幻想などといったかたちで——作品のなかに埋めこまれた世界を増殖させていく。存在論的に下位にあるとされるものが従属的な地位を脱し、それよりも上位なものと対等な地位を主張することがあるように、埋めこみという働きのなかには一般に、埋めこみから脱する働きの可能性が含まれる。結果として、夢に由来する断片が覚醒中の生活にまで入りこんできたり、スクリーンテストが、それを取り囲んでいる現実世界と見なされるシーンでのやりとりと少なくとも同じだけの説得力をもったりすることになるのである。しかし一方で、——タイトルがスクリーン上に映しだされるさいには、「マルホランドでの夢〔Mulholland Dream〕」とも読めるかたちで、「Mulholland Dr.」と略記されている——『マルホランド・ドライブ』においては、そうした脱埋めこみの働きを圧倒するような傾向が、まったく逆の方向に向かっているように見える。すなわち、夢が現実と見なされるのではなく、一見して現実らしいもののすべてが、夢のなかへと沈んでいくのである。だがそれは、いったい誰の夢なのだろうか。

『マルホランド・ドライブ』の「標準的」な解釈によれば、その前半は落ち目の三文女優ダイアン・セルウィン（ナオミ・ワッツ）が見た幻想／夢だとされ、後半では彼女のじっさいの人生が、そのみすぼらしい日常をとおして描かれていくのだとされる。映画の前半で主人公のベティは、――失敗に終わった殺人計画の犠牲者である――記憶喪失のブルネットの女性（ローラ・ハリング）の身元を特定するため、彼女の手助けをしている。そのブルネットの女性は、映画のポスターで見たリタ・ヘイワースの名前にちなんで「リタ」と名乗り、そして彼女は、ベティと恋仲になっていく。だが映画の後半、「リタ」はいまや成功した女優カミーラになっていて、夢破れ身を持ち崩しハリウッドの惨めなアパートに住んでいるダイアンの苦い嫉妬の的になっている。ダイアンは自殺するらしいのだが、しかしその前に、カミーラを殺すために殺し屋を雇う。標準的な解釈によれば、野心に溢れた女優であるベティ――彼女は小さな町からハリウッドにやってきただけでなく、過去からそこにやってきたように見える（彼女は〔一九四〇年代に流行した〕ジルバの大会で優勝したばかりなのだ！）――は、ダイアンの理想化された自己イメージなのだとされる。『ブルー・ベルベット』と『ツイン・ピークス』を構築していた、理想化された場所と裏の（諸）世界との対立はここで、素朴で小さな町出身のベティと、酸いも甘いも噛みわけたLA在住のダイアンという、二つの人格の対立になっているというわけである。

だが、「ハリウッドの二重の夢」というオンライン上のレヴュー記事のなかでティモシー・タケモトは、標準的な解釈の問題点の一つとして、この映画の後半もその前半と同様、それ自体として夢のようであり、メロドラマ的な修辞で溢れかえっていると指摘している。「ハリウッドの荒廃したアパートに住むこの女は、著名なディレクターとの結婚をひかえた映画スターと不倫関係にありながら、いったい何をしているのだろうか。彼女はいったいどこから、殺し屋に払う金を手にしているのだろうか」。タケモトの評によるなら、この映画の前半と後半はどちらも夢なのだ。だがダイアンが夢を見ているわけではない。「本当に夢見ている者はどこか他の場所にいる」のであり、ベティ／ダイアンとリタ／カミーラはすべて、この（姿の見えない）夢見る者の崩壊した精神の断片なのである。

以上のような見方が正しいかどうかは置くとしても、『マルホランド・ドライブ』にはとくに注意すべき二つのシーンがあるのだというタケモトの主張は正しいように思われる。その二つとはすなわち、ダイナーのなかの夢にかんするシーンと、（おそらく映画全体のなかでもっとも強烈なシークエンスである）クラブ・シレンシオのシーンだ。ダイナーのシーンでは、ダンという男が精神分析家らしき人物にたいし、自分が二度見た夢について語っている。その夢は、彼らがいままさに座っているダイナー（サンセット大通りにあるウィンキーズ）を舞台にしている。夢のなかでダンは、ダイナーの奥の空間に潜む、暗く曖昧で傷のある顔をした人影に怯えている。夢の力を打ち破るために、二人はダイナーの裏手へ向かうが――、しかしそこには傷のある人影の人物が待ちかまえていて、ダンは気絶したのかあるいは死んだのか、いずれにせよその場に倒れる。

逆説的で魔法のようなクラブ・シレンシオのシーンは、映画の二つの部分のあいだにある入り口として機能している。その赤いカーテンとともに、クラブ・シレンシオはあきらかに、敷居となる空間だといえる。ベティとリタはクラブに入っていくが、厳密にいってそこから出ていってはいない。彼女たちはその後、ダイアンとカミーラに入れ替わり、取って代えられている。私がこのシーンを逆説的にも魔法のようだと表現したのは、それが表向きのところ神秘を取り除くものとして働いているからだ。クラブ・シレンシオでのパフォーマンスはわれわれに、マグリットの『これはパイプではない』の映画版とでもいえるかたちで、いま目の当たりにされているのは錯覚（イリュージョン）なのだということを**告げてくる**が、一方で同時に、目の前の光景をその言葉どおりに受けとることはできないのだということを**見せてくる**。マジシャンに類する人物であるクラブ・シレンシオのホストは、観客（それはクラブ・シレンシオにいる観客であり、同時に『マルホランド・ドライブ』を観ている観客でもある）にたいして繰りかえし、「楽団は存在していない。すべては録音《レコーディング》されている。ぜんぶテープだ。錯覚《イリュージョン》なんだ」と告げてくる。するとミュートの付いたトランペットを吹きながら、赤いカーテンの後ろから男があらわれる。彼はトランペットを口から外すが、しかしそのまま音楽はつづく。そして歌手のレベッカ・デル・リオがあらわれ、彼女がロイ・ロビンソンの曲「クライング」を感情が難破したような調子で歌うと、われわれはその歌唱がもつ力に惹きつけられる。だからデル・リオが倒れ、それでも音楽がつづくとき、われわれはショックを受けざるをえない。われわれのなかの何かが、その歌唱を本物として扱うように強いてくるのだ。

いうまでもなく、映画という錯覚《イリュージョン》の歴史において、クラブ・シレンシオのシーンほど欺瞞的でなく、真実を隠さないものは存在しない。われわれが目にし耳にしているもの——つまり映画それ自体——は、一つの記録物《レコーディング》でありそれ以外ではないのだから。これ以上ないほどに当然のことだが、このことは「映画の魔法」がかならず隠さなくてはならない物質的なインフラなのだといえる。だがこのシーンが取り憑いて離れないものであるのは、以上とは別の理由による。つまりそれは、われわれの主観性において働いている自動性を指摘しているのだ。シレンシオのシーンが見せる錯覚《イリュージョン》（それはまた映画という錯覚《イリュージョン》でもある）に引きこまれずにいられないかぎりでわれわれは、他でもなく自分たちを惹きつける記録物（レコーディング）に似た何かなのだといえる。いずれにせよそうした錯覚（イリュージョン）は、たんなる人を欺くだけの何かではない。ダイナーにおけるダンのシーンと同様、クラブ・シレンシオのシーンは、夢や「幻想（イリュージョン）」が通常では直面することのできない現実界への導管であることを思いださせる。夢は独我論的な内面性の空間であるだけではない。それは外部へと向かう「赤いカーテン」が開かれうる領域でもあるのだ。

究極的にいえば『マルホランド・ドライブ』は、辻褄をあわせることができない何かとして解釈するのが一番いいのかもしれない。とはいえこれは、可能な解釈のすべてを受けいれる公平なゲームとしてこの映画を考えるべきだということではない。そうではなくむしろ、この映画がもつ複雑さや難局を最終的に片づけてしまおうとする試みのすべてが、その異様さを、その形式的な奇妙さを消し去ってしまうのだということである。ここでの奇妙さは部分的に、この映画がハリウッド的な映画の「間違った」ヴァージョンのように感じられるというところから生じている。ロジャー・イーバートは、「ここに解決はない。神秘さえ存在しないのかもしれない」と指摘した。それを踏まえるなら『マルホランド・ドライブ』という作品は、神秘という錯覚（イリュージョン）なのだといえるかもしれない。クラブ・シレンシオでのパフォーマンスがもつ錯覚（イリュージョン）としての質を見過ごすように強いられるのと同じように、われわれはそれを解決しうる謎として扱うことを強いられ、その「間違い」や御しがたさを見過ごすように強いられることになるのだ。

二〇〇六年の映画『インランド・エンパイア』では、『マルホランド・ドライブ』に見られたある種の横滑りや非一貫性や難問がさらに推し進められ、もはやそれを馴致する見通しが存在しない地点にまで至っているかのようである。映画にたいする参照が数多いにもかかわらず、『インランド・エンパイア』は、ハリウッドのテンプレートにはまったく似ていないかのように**見える**。奇妙なものが本質的に敷居にかかわるものだとするなら、『インランド・エンパイア』は何より、入り口によって編成されているように見える映画である。『インランド・エンパイア』にたいする優れた解釈はどれも、この映画の迷宮性を、ウサギの巣のような反建築性を強調している。しかしそこに含まれる空間は、たんに物理的なものではなく存在論的なものだ。映画のなかの回廊――『インランド・エンパイア』にはリンチの代名詞である回廊が数多く登場する――はどれも潜在的に、もう一つの世界へとつづく敷居になっている。しかしその登場人物たち――この言葉は、作品に登場する儚い形象や作りごとや断片に当てはめるものとしてはまったく不適切な言葉だが――は、自らの性質を変えることなくそうした別の世界へと入っていくことはできない。『インランド・エンパイア』において人は、それがどのようなものであれ、自らがそのなかにいる世界なのだ。

この映画における支配的なモチーフは、また別の種類の敷居である穴である。タバコに焦がされたシルクに空いた穴、腸につづく膣壁の穴、胃にドライバーで開けられた穴、ウサギの巣穴、記憶の穴、語りの穴、積極的な無としての穴。穴とはトンネルでもある。それは潜在的にはどの部分も他の部分へ崩れて繋がる可能性のある過酷なリゾームのなかで、互いに通じあっている。タバコの焼け焦げの穴は、映画全体の精神病的な地理学にたいする換喩として機能しうるものである。シルクに空いた穴は、カメラとその分身である観客の眼差しのイメージであり、『インランド・エンパイア』における眼差しはつねに、覗き見的であり部分的なものなのである。

『インランド・エンパイア』とともに、世界の流出はきわめて深刻なものになり、われわれはもはや、錯綜したヒエラルキーではなく、慢性的な存在論的沈降にさらされている領域について語らざるをえなくなる。映画は最初、『暗い明日の空の上で』という映画でスーという人物を演じるニッキー・グレイス（ローラ・ダーン）という女優についての話であるように見える。だがそうした人格や、スーをニッキーより「より現実的ではない」と扱うようなヒエラルキーは、まったく安定していない。けっきょくスーはニッキーに吸収されたように見え、『暗い明日の空の上で』と呼ばれるらしい映画のなかには存在していないように見える。無意識にたいする完璧な説明である「主観性なき反省」という言葉は、錯綜し絡みあう

『インランド・エンパイア』のあり方に他のなによりふさわしいものだといえる。ニッキー・グレイスや、ダーンが演じ／グレイスが宿主になる（あるいは分裂させる）他の人格の数々は、心理学から解き放たれた分身のようなものだ。それらは、――彼女たちにとってとはいわないまでも、少なくともわれわれにとって――解決の望みが存在しないことはあきらかだとしても、神秘として扱わずにはいられない穴なのである。

ニッキー・グレイスの映画内映画がリメイクしているポーランド映画では、「何かが物語の内部から外に出ている」のだといわれる。じっさい――根拠となる現実から解放されたまま漂う夢のシークエンスの連続に見え、（無意識に主体は存在しない以上、じっさいあらゆる夢がそうであるように）夢見る者のいない夢に見えることがしばしばである――『インランド・エンパイア』のなかでは、いかなる枠組みも確かではなく、埋めこみの試みはかならず失敗する。この映画の難問を心理学的に解消しようという誘惑（つまりその異常性は、一人かそれ以上の登場人物の狂った心に由来するファンタズムなのだと見なす誘惑）はたしかに大きいが、しかし映画がもつ特異性に忠実であろうとするかぎり、そうした誘惑には抗うべきである。最終的な鍵のようなものを求めて（登場人物の）内部を探す代わりに、内的な空間が長く確かなままであることはなく、外部につづく入り口が実質上どこにでも開きうる、『インランド・エンパイア』という奇妙な建築の異様な襞や隠れ家や通路にこそ注意を向けるべきなのだ。

ぞっとするもの

ぞっとするものへのアプローチ

ぞっとするものとは正確にいっていったい何なのか。そしていったいなぜそれについて考えることが重要なのか。奇妙なものと同様ぞっとするものは、美的経験の特殊な一種として、それ自体で考慮するに足るものである。その経験は、ある特定の文化の形式によって引き起こされるが、しかしそうした形式を起源にするものではない。しかじかの物語、しかじかの小説、しかじかの映画がぞっとするものを喚起するのだということはできるが、しかしその感覚は、文学や映画によって発明されたものではないのだ。奇妙なものと同様、われわれは、文化的な媒体という特殊な形式を必要とすることのないまま、「生のままの」ぞっとするものの感覚に出会いうるし、じっさいに出会っている。たとえば、ある種の物理的な空間や風景にぞっとするものが付いて回ることは間違いない。

ぞっとするものの感覚は、奇妙なもののそれとははっきりと異なる。この感覚を理解するための一番シンプルな方法は、——おそらく、あらゆるもののなかでもっとも根本的な対立である——現前と不在のあいだにある（ひじょうに形而上学的な負担の大きい）対立を考えてみることである。これまで見てきたとおり、奇妙なものは現前によって――**何にも属していないものの現前**によって――構成されている。（ラヴクラフトが強迫観念をもっていたような）そのいくつかの事例において、奇妙なものは、常軌を逸した現前によって、われわれの表象能力を超えた豊かさによって特徴づけられる。対照的にぞっとするものは、**不在の失敗**や**現前の失敗**によって構成されている。ぞっとするものの感覚は、何もないはずのところに何かが現前しているときや、何かがあるはずのところに無が現前しているときに生じるのだ。

以上のような二つの様態は、具体的な例を挙げることですぐに把握することができる。たとえば「ぞっとする鳴き声」――これは辞書におけるぞっとするものの定義でしばしば引かれるものである――という感じ方は、ぞっとするものの一つ目の様態（**不在の失敗**）の例だといえる。その鳴き声のなかに（あるいはその背後に）、たんなる動物的な反射や生物学的メカニズム以上の何が感じられる場合、――つまりそこには、ある種の意図が働いていると感じられ、われわれが通常鳥には結びつけることのない意図の形式があると感じられる場合――鳥の鳴き声はぞっとするものになる。このことと、奇妙なものを構成するものであると述べた「何にも属していないもの」の感覚のあいだには、あきらかに共通した何かが存在している。だが一方で、ぞっとするものはかならず、奇妙なものの本質的な特徴とはいえない思弁やサスペンスといった形式をともなう。この鳥の鳴き声には異常な何かが**存在している**のだろうか。正確にいっていったいそのどこが異様なのだろうか。もしかしたらこの島は、何かに憑かれているのだろうか――だとしたらそれは、どんな種類の存在に憑かれているのだろう。こうした思弁はぞっとするものに本来的に備わったものであり、そうした問いや謎が解かれてしまうと、ぞっとするものはすぐに消えてしまうことになる。ぞっとするものは未知なるものにかかわっている。そのことについての知識が得られてしまえば、ぞっとするものは消えてしまうのだ。ここで強調しておかなければならないのは、あらゆる謎がぞっとするものを生みだすわけではないということである。そこには、他なるものについての感覚が、つまりその謎が一般的な経験を超えた知識や主観性や感覚の形式をともなっているのではないかという感覚が必要なのだ。

ぞっとするものの第二の様態〔**現前の失敗**〕の例として、廃墟や打ち棄てられた構造体に関係するぞっとするものの感覚が挙げられる。ポストアポカリプス的なSFは、それ自体としてかならずしもぞっとするジャンルではないが、にもかかわらずぞっとする場面で溢れかえっている。しかしこうした事例では、そこに登場する都市がいったいなぜ無人化したのかが説明されてしまうので、ぞっとするものの感覚は限定される。こうした事例を、打ち棄てられた船であるメアリー・セレスト号〔一九世紀末、ポルトガル沖で、無人のまま漂流しているのが発見された帆船〕と比べてみよう。この船にかんする謎――船員はいったいどうなったのか。

どうして彼らはいなくなったのか。彼らはどこにいってしまったのか——がまったく解明されておらず、今後も解明されそうにないことによって、メアリー・セレスト号という事例はぞっとするものの感覚で飽和している。ここでの謎はあきらかに、次のような二つの問いに帰着する——すなわち、**何が起きたのか**、そしていったい**なぜ起きたのか**。だが一方で、その意味や目的を解析できない構造体が問題になる場合、それとは異なる種類の謎が提起されることになる。たとえばストーンヘンジの環状列石やイースター島の石像と向かいあうとき、われわれは別の問いの数々と対峙することになるのである。ここでの問題は、そうした構造体を創造した何かがいったい**なぜ**消えたのかではなく——この点に謎は存在しない——、そのときに消えた**何か**がもつ性質である。いったいどんな種類の存在がそうした構造体を創造したのか。それらの存在はどれだけわれわれに似ていて、どれだけ異なっているのか。それらの存在はいったいどんな象徴秩序に属し、彼らが構築したモニュメントはどんな役割を果たしているのか。そのモニュメントの意味を理解していた象徴的構造が朽ち果ててしまっている以上、われわれがそこで目にするのはある意味で、現実界それ自体の理解不可能性であり、判読不能性なのだといえる。イースター島やストーンヘンジと対峙すると、われわれの文化の遺跡は、それらがいま埋めこまれている記号体系が崩壊したとき、いったいどんな姿になるのかと思弁せずにはいられなくなる。自分たち自身の世界を、ぞっとする痕跡の塊として想像することを強いられるわけである。こうした思弁はおそらく、一九六八年のオリジナル版『猿の惑星』のラストに登場する、正当にもよく知られた自由の女神の残骸のイメージに帰属するぞっとする性質を説明するものだといえるだろう。ストーンヘンジがいまのわれわれにとってそうであるとおり、映画のなかで描かれるポストアポカリプス的な未来、人類滅亡後の遠い未来からすれば、自由の女神の残骸は解読不能なものである。ストーンヘンジやイースター島という事例はわれわれに、ある種の考古学的で歴史的な実践には、還元不能なぞっとする次元が存在していることを気づかせてくれる。とくに遠く隔たった過去を扱う場合、考古学者や歴史家は仮説を作りあげるが、彼らが言及し、その思弁の正しさを立証しようとする文化は、二度と（ふたたび）現前することはありえないものなのだ。

あらゆるぞっとするものの表出の背後にあり、その核となる中心的な謎となるのは、行為主体性（エージェンシー）の問題である。不在の失敗の場合、問いは行為主体性（エージェンシー）それ自体の存在にかかわる。いったいここには、何かしらの意図をもった行為主体（エージェント）が存在しているのだろうか。われわれは、いまだそれ自体をあきらかにしていない存在によって監視されているのかもしれない。現前の失敗の場合、問題はそこで働いている行為主体（エージェント）の特殊な性質にかかわることになる。われわれはストーンヘンジが建てられたのを知っているのだから、その構築の背後に何らかの行為主体（エージェント）がいたかどうかという問いが生じることはない。われわれが考慮しなくてはならないのは、その目的が未知であるままに立ち去ってしまった行為主体（エージェント）の痕跡なのである。

われわれはいまや、いったいなぜぞっとするものについて考えることが重要なのかに答えを出すことができる位置にいる。ぞっとするものが行為主体性（エージェンシー）の問題に帰着する以上、それはわれわれの生活を統治する諸力に関係することになる。とくに、グローバルに遠隔（テレ）―接続（コネクト）された資本主義世界にいるわれわれにとって、そうした諸力をじゅうぶんなかたちで感覚的に把握することができないことはあきらかであるはずだ。資本のような力は実体的な意味では存在していないが、しかし実質的には、あらゆる種類の効果を生みだすことが可能なのである。もう一つのレベルでいうなら、ずっと以前にフロイトは、われわれの精神を統治している諸力は、現前の不在として考えられるのだと示していなかっただろうか。無意識それ自体がそうした現前の失敗であり、同時にまた不在の失敗（われわれの自由意志があるべきところに割って入るさまざまな欲動や衝動）ではなかっただろうか。

何もないはずのところにある何か、何かあるはずのところにある無
──ダフネ・デュ・モーリアとクリストファー・プリースト

以上のような予備的所見を、ぞっとするものと密接に結びついている二人の作家との関係のなかで吟味してみることにしよう。その二人の作家とはすなわち、ダフネ・デュ・モーリアとクリストファー・プリーストである。デュ・モーリアのぞっとするものは、動物やテレパシー的な諸力や運命それ自体など、反省的な作用をもたないはずの存在や事物がもたらす影響を中心にして巻きおこる。一方でプリーストのいくつかの小説で生じているぞっとする効果は、記憶のなかに開かれる穴に、登場人物のもつ固有の同一性という感覚を運命的に蝕んでいく穴に関係している。

デュ・モーリアのよく知られた物語「鳥」（一九五二年）は、ほとんどぞっとするものの総称的な例だといえるものである。すでに述べたとおり、辞書のなかでぞっとするものの用例が示されるさい、動物の「ぞっとする鳴き声」という言い方が頻繁に用いられる。「鳥」はそうした鳴き声を聞くときに引き起こされる感覚──通常はそんなものをもっているとは見

なされない存在が、意図的な行為主体性（エージェンシー）をもっているのではないかという疑い——をもとに築かれている。デュ・モーリアの物語のなかで、鳥たちは自然の背景の一部であることをやめ、それ自体がもつ行為主体性（エージェンシー）を主張してくるが、その行為主体性（エージェンシー）の性質は謎のままにとどまる。鳥たちは人間と共存する代わりに、たがいに協力しあって人間の集団にたいし殺意の宿った攻撃を浴びせかけてくる。こうした異なる種の鳥たちのあいだでの協働は、前代未聞の異様な事態が起きていることを知らせる最初のしるしの一つである。「鳥たちはなおも野原の上を旋回しつづけている。ほとんどがセグロカモメだが、オオセグロカモメも混じっている。この二種は互いに距離を置くのが普通だ。ところがいま、彼らは団結していた。何らかの絆が両者を結びつけたのだ」。

ヒッチコックによる映画版でこの作品を知っている者からすれば、デュ・モーリアの原作は驚くべきものとして迎えられるはずである（デュ・モーリアはヒッチコックの映画をひどく嫌っていたといわれている）。陽光が降り注ぐカリフォルニアという舞台の代わりに、読者はいまだ冷戦下の緊縮財政のなかにあり、灰色の空に嵐が吹きあれるコーンウォールに導かれる。恋愛のはじまりの日々のなかで戯れるカップルの代わりに登場するのは、鳥たちの攻撃から自分たちの家を守る家族——ホッキン一家——だ。異常な存在の襲撃を防ぐため板で塞いだ家のなかに避難することに物語の焦点を合わせていくものである『鳥』はある意味で、ジョージ・ロメロの『ナイト・オブ・ザ・リビング・デッド』（一九六八年）を先取りしたような作品だといえる。この物語は、登場人物たちが、田舎の共同生活から、のちにロメロが表現することになる、サバイバル下でアトム化された状態へと投げこまれていく様子を描いていくのだ。

この物語がもつ人を不安にさせる力は、二つのレベルの脅威からなっている。一つはもちろん、鳥たちの襲撃がもたらす残忍で物理的な恐れである。だがわれわれをぞっとするものへと向かわせるのは、二つ目のレベルの方だ。物語が展開するにつれわれわれは、残存していた冷戦時代の確信や権威の構造が崩壊していくのを見ることになる。鳥たちが脅かしているのは、それまで世界を意味のあるものにしていた説明の構造そのものなのだ。最初に鳥たちの行動の説明として選ばれるのは天候である。だが攻撃が激しさを増すにつれ、別の物語が生じてくる。主人公であるホッキンの雇い主である農場主は、ロシア人たちが鳥に毒を盛っているのだという考えが出回っているのだという（鳥たちがそれぞれの違いを脇に置き、階級意識に似た種の意識のようなものを発展させていることを思いだすなら、事態にたいする説明が、冷戦期のパラノイアに由来する陳腐なそれへと転換している事実には、あきらかな意味があるといえる）。BBCのラジオ放送は、この物語のなかで決定的な役割を果たしている。物語の序盤において、放送は信頼された権威の声としてあり、鳥たちがいたるところに結集しているとBBC

が告げると、その異常事態は一種の公認が与えられたものになる。この時点でBBCは、鳥たちの襲撃を退けるために「何かしてくれる」だろうと見なされている権威の構造と同義なものなのである。だが放送がしだいに少なくなっていくにつれ、鳥たちに対処する戦略など存在しないのと同様、その行動にたいする適切な説明も存在しないことがあきらかになっていく。最終的にBBCはいっさい放送をしなくなるが、その沈黙は、われわれが決定的にぞっとする空間に置かれていることを意味している。登場人物たちにたいしてであれ読者にたいしてであれ、いっさい説明はなくなるだろう。かといって小康状態があるわけでもない。物語の終わりでも、鳥たちの包囲が収まる気配はまったくない。

デュ・モーリアのもう一つの有名な短編「いま見てはいけない」（一九七一年）のなかにおいて、「何もないはずのところにある何か」や、通常の説明の様態を超えている諸力は、感覚を超えた知覚や運命として存在する。この物語では、予知の力を誤認し否認することが、結果として予見された出来事の発生を後押しするのだということが問題になる。

ジョンとローラは夫婦で、最近病気で亡くなった幼い娘にたいする弔いの一環として、ヴェネツィアを訪れている。レストランにいるとき、彼らはある異様な姉妹に出会うが、この姉妹曰く、嘆き悲しむ二人のあいだに娘が座り、笑っているのが見えるのだという。ローラは喜び、この姉妹に執着するようになるが、ジョンは懐疑的かつ敵対的で、姉妹は妻の悲しみにつけこんでいるのだと信じこむ。ほどなくすると夫婦は、イングランドで学校に通っている息子が病気になったことを知り、彼のそばにいるためにローラが帰国することに決まる。街のなかを歩いているとジョンは、二人の姉妹と一緒にローラが水上バスに乗っているのを目にした気がする。パニックに陥った彼は、姉妹がローラを誘拐したのだと思いこみ、警察へと向かう。しかしジョンはローラが予定通り帰国したことを知る。恥をかいたジョンは、自分が間違えていたことを警察に説明し、姉妹に謝罪しなくてはならなくなる。姉妹を家に送ったあとジョンは、彼には幼い子供だと思われる人影が、一人の男につきまとわれているのを見かける。ヴェネツィアはこのとき連続殺人鬼に脅かされており、ジョンはその子供が次の犠牲者になるのではないかと心配する。だが彼が子供だと思っていたのは、――連続殺人鬼の正体だと思われる――凶悪な小人で、ジョンは殺されてしまうことになる。死にゆくなかでジョンは、そのときになってはじめて、姉妹がローラといるのを目にしたのは予知の一種だったのだと気づき、自分はそのとき、自らの葬儀で彼女たち三人が一緒にいる近未来を垣間見たのだと気づく。

そのとき、ローラと双子の姉妹を乗せ、運河を下っていくあのヴァポレットが見えた。

それは今日でも明日でもなく、明後日のことだった。そして彼は悟った。彼女たちがなぜ一緒なのか、どんな悲しい理由でやってきたのか。その映像の片隅で、化け物がしきりに何か喋っている。ドアを激しく叩く音、人々の声、犬の咆哮が、少しずつ遠のいていく。「ああ、くそっ」彼は思った。「なんて馬鹿げた死に方なんだ……」

ある意味でここにあらわれている構造は、先に論じた時間のループに似ているが、しかしここでのループはより緩いものであり、その帯域は奇妙というよりもぞっとするものだといえる。なぜならここで強調されているのは、不明瞭な行為主体(エージェンシー)であり、ようするに運命それ自体だからだ。ここでの運命はたしかに恐ろしいものだが、死の瞬間にジョンが気づいたとおり、それが織りなすパターンはある種の芸術性を示している。この芸術性は、悲惨であると同時に、おそらく不吉な喜劇性さえ備えたものだが、最終的には皮肉なものだといえる。まさに一つの皮肉といえることだが、ジョンの予知は、他でもなくそれが予知として認識されていないことを理由として、運命が描くパターンをあらかじめ知ることに繋がらないのだ。そんなふうにして自らの超感覚的な知覚が生む力を否認するという点をジョンは、自分で自分の力を認めないことをその特徴とするもう一人の男と、すなわち――のちの章で取りあげることになる――『シャイニング』のジャック・トランスと共有している。ジャック・トランス同様、超感覚的な知覚はジョンの男性的な自己規定の感覚を危険にさらす。ジャックと同じようにジョンは、――究極的には錯覚（イリュージョン）である――自己の所有を脅かすことになる諸力を過小評価するが、まさにこのことがそうした諸力そのものの強さへと繋がり、そして最終的には、彼を破滅へと導いていく。

（今回はデュ・モーリアに賞賛されている）ニコラス・ローグによる映画版（一九七三年）（『赤い影』）は、そうした運命の詩学を実演するものだ。彼の多くの映画同様、ここでローグは、相似や予示や反響といったものを用いることで、時間を押韻的な構造としてとらえるようにわれわれを促す。ジョンが調べているスライドの染みの赤さは、その死のときに彼の娘が着ているレインコートの赤さと韻を踏んでいるが、しかし娘の死は破局の完成ではなく、揺るぎない詩学的パターンが描きはじめられる瞬間であり、そのパターンは、ほぼ同一の赤いレインコートを着た小人の手によってジョンが殺されることではじめて閉じられるものなのだ。こうした押韻構造にたいするわれわれの感受性を高めながらローグは、けっしてその全貌があきらかにはならない運命的な諸力がもつ、そのぞっとする輪郭を暗示していく。色彩の反復は、音に裏打ちされることによって補われている。物語をとおして、ローグが描くヴェネツィアは一貫して強烈にぞっとするものだが、そうした印象の大部分は、音の用い方と関係している。ローグはヴェネツィアを音の迷宮として機能させ、音をその源泉から切り離し、二重化された信用ならない音の空間を生みだすことによって、その建築に「分裂症的な」効果を生みださせている。ジョンとローラはしばしば道に迷い、意図せず出発したばかりの場所に戻ってしまったり、自分たちが歩いてきたところをたどって逆行したりしながら、都市のなかを彷徨うことになる。彼らが彷徨う都市は、何もかもが疑わしい迷宮であり、ずっとあとになってからようやくそれと分かる断片化された運命のイメージなのである。

デュ・モーリアによるこれら二つの作品が、そこには存在しないはずの行為主体性（エージェンシー）――鳥たちの集団的な狡知と運命の詩学的編成――に関係するものだとするなら、『肯定』（一九八一年）や『魔法』（一九八四年）といったクリストファー・プリーストの小説は、何らかの行為主体性（エージェンシー）があるべき場所における不在や穴を中心に組織される。それらの小説における二人の主人公は、自分自身が自らについて語る物語のなかに開かれる穴によって特徴づけられている。プリーストの作品は（のちに取りあげるアラン・ガーナー同様）、物語というものに備わったぞっとする力を理解させる効果をもつものなのだ。

『肯定』は一見したところ、職を失い恋人との関係が破綻したすえに神経衰弱に陥っているピーター・シンクレアという若者をめぐる物語に見える。年長の知りあいに会ったことをきっかけにしてシンクレアは、その男の別荘に住まないかという申し出を受けいれ、建物の内装と改装をするかわりに、ヘレフォードシャーの片田舎にある荒れ果てたコテージに住むことになる。コテージにいるあいだシンクレアは文章を書きはじめ、やがてそれを自伝的な作品だと、つまり最終的に自らにたいして自身の半生を説明するものになる文章だと見なすようになる。われわれははじめこの文章に出会うことはなく——それが登場することはただの一度もないはずである——、ただ多幸感と責苦が交互にやってくるそれについてのシンクレアの思考にだけ出会うことになる。シンクレアは自分が語りの細部を粉飾したり、じっさいのところ全面的に別のものに変えだしたりしていることを認めている。場所や登場人物の名前といった比較的瑣末な細部だけではなく、性格の特徴や鍵になる出来事も変更し、そうした修正は、小説が「より高位の真実」に忠実になることを意味するのだとして合理化をおこなっていく。おそらくこれは多くの小説家が主張するだろうことであり、プリーストはここで、自らの経験をもとに自虐的な冗談を書いているのだろう。

やがてわれわれはその文章を目にすることになるが、しかしシンクレアの「自伝的な」テクストは、まったくそうしたものには見えない。むしろそれは、途方もなく幻想的な作品に見える（そもそもそれは、ジャンルとしてもほとんど幻想(ファンタジー)に属しているようなのだ）。じっさいのところ、いま読んでいるのはシンクレアの自伝原稿なのだとわれわれが確信することは一度もない。少なくとも、何が起きているのかを語るある説明のなかでは、シンクレアが肌身離さず持ち歩く秘蔵の原稿は、何も書かれていない紙の束でしかないことになっている。だがわれわれが読む原稿のなかでシンクレアは、「夢幻諸島（ドリーム・アーキペラゴ）」――その名前が示唆するとおり、地理学上の場所であると同時に精神の状態でもあるように見える広大な島々の集まり――をかたちづくる島の一つであるコラーゴという場所でおこなわれている、特別なくじの当選者になっている。このくじに当選した者は、――その身体から病気が一掃され、将来病気になることからも免れるが、事故の結果として死ぬことはありうるという――限定的な不死をもたらす、「アタナシア〔athanasia：ギリシャ語で「不死」の意〕」というプロセスを経験することができるようになる。しかしアタナシアのプロセスは、当選者の記憶を完全に失わせてしまう。その人格は、アタナシアがおこなわれる前に準備しておく詳細な質問票をもとに再構築されることになるのだ。しかしシンクレアは、彼のリハビリをおこなうことになる者たちにたいし、質問票の代わりに、自分の自伝的なテクストを使うことを要求する（このテクストが、読者がいま読んでいるそれと同じものであるはずがないことは、いまやあきらかである。それは夢幻諸島（ドリーム・アーキペラゴ）とくじについてのこの物語の一段「下」に存在していなくてはならないのだから）。

『肯定』の残りの部分では、実在の世界にある場所を舞台にする物語の線と、夢幻諸島（ドリーム・アーキペラゴ）で生じる物語の線が、どんどんと錯綜していくことになる。シンクレア――あるいはシンクレアのなかのある部分――は、自分が恋人だったグレイシアの自殺に関与したというトラウマから身をかわすため、壊れた物語を増殖させているように見える。

シンクレアの子供時代のエピソードは、この小説全体の鍵になるかもしれないものを提供している。以下のとおり彼は、ある事故のあと、遡及的にそれまでの三日の記憶をすっかり失ったことを回想している。

その三日のあいだ私は、記憶の連続を感じ、自分のアイデンティティや存在を確信しながら、用心深く自覚的に自分を意識していたに違いない。だがそれにつづいて起きた出来事が、ちょうどある日訪れる死がすべての記憶を消してしまうように、その三日をすっかり消しさってしまった。それは私にとってはじめての、一種の死の経験だった。無意識そのものを恐れることはなかったが、それ以来私は、記憶は感覚の鍵なのだと考えるようになった。私が記憶をもっているかぎりで、私は存在するのだ。

皮肉なことだが、夢幻諸島（ドリーム・アーキペラゴ）にいるシンクレアは、不死になるために記憶喪失という「死」を経験する。そして「記憶をもっているかぎりで」シンクレアが存在するのだとしたら、それぞれに異なるヴァージョンのシンクレアが、いずれも記憶をもっていないということが問題になってくる。すなわち、「この世界」といわれる方の世界にいるシンクレアは、グレイシアの自殺の圧力によって意識が断片化しているために記憶をもたず、夢幻諸島（ドリーム・アーキペラゴ）の方にいるシンクレアは、アタナシアのプロセスに記憶をもたないのである。

ここでは、無意識それ自体の行為主体性（エージェンシー）こそがぞっとするものになっている。『肯定』という作品は、どうすれば自分自身から何かを隠すことが可能になり、どうすれば一つの存在が何かを隠す者でありつつ、同時にそれを隠される者になりうるのかという難問をめぐる、拡張された省察として読むことができる。そうしたことは、われわれが自分たちの精神に認めている統一性や透明性が錯覚だからこそ可能になる。穴や一貫性の欠如こそが、われわれであるところのものを構成するものなのである。こうした欠陥を覆い隠すのが物語であり、したがって物語は、それに固有の行為主体性（エージェンシー）を備えているのである。記憶とはすでに一つの物語であり、記憶のなかに穴がある場合、その穴を埋めるために新たな物語が作話されなくてはならない。だが、そうした物語の作者とは誰なのか。その答えは、何らかの作者がいるのではなく、その背後に「誰か」が存在しない作話のプロセスが存在しているのだというものである。このプロセスは、規範からの病理学的な逸脱ではなく、同一性が通常に機能する行程だといえる。しかしその機能は、普通は見えづらいものであり、何かが上手くいかないときにのみ――つまり物語が破綻し、それを生みだしている機構についての問いが避けがたいものになるときにのみ――視界に入ってくることになる。

プリーストの小説『魔法』は、以上のような関心の多くに回帰するものであり、とくに記憶喪失と作話の問題を取りあげるものだ。主人公のリチャード・グレイはカメラマンで、テロリストの爆弾の巻き添えになった結果記憶を失っている。デボンにある病院で療養している彼のもとに、かつて彼の恋人だったと主張するスーザン・キューリーなる女性が訪ねてくる。『肯定』同様この小説は、記憶とは特殊なかたちの物語であり、操作や再構成の影響を受けやすいものなのだという理解のもとに、穴と物語のあいだにある関係を扱っていく。たとえば、グレイのリハビリに携わる医師の一人は、患者が「記憶されている」世界の全体をわずかな断片にもとづいて作話する、「ヒステリー性の記憶錯誤」という状態に言及している。

小説のなかでは、リチャードとスーザンがどうやって出会ったかについての別のヴァージョンが提示される。リチャードが最初に信じているものであり、催眠をつうじて回復したものだと思っているはじめのヴァージョンの場合、二人は休暇中のフランスで出会っていた。だが進展していく二人の関係には、スーザンを都合よく操る恋人ナイオールの存在が重くのしかかった。彼女は別れたがっているが、ナイオールは意地悪く彼女を拘束しつづける。だがスーザンは、自分はフランスに行ったことはないし、自分たちの関係は――やはりナイオールがつねに背後にいたこともあり――ロンドンではじまったのだといって、そうした説明を完全に拒絶することになる。こんなふうにして、フランスでのエピソードが遡行的に格下げされていくことのなかには、強烈にぞっとする何かが存在する。読者にとって――そしておそらくはグレイにとっても――、フランスでの出来事は、キューリーが語るロンドンでのエピソードと比べて、それ以上とはいわないまでも、少なくとも同じくらいには現実的なものに「感じられる」だけの鮮明さをもっている（ここでは、『肯定』のなかで生じている効果を反転したような事態が生まれているといえる。夢幻諸島（ドリーム・アーキペラゴ）のシーンは当初、幻想か虚構内の虚構のように見え、現実世界の場所で起きているエピソードよりも存在論的に劣ったものに見えるが、しかしそれは、小説のより「リアリズム的な」部分を超えた鮮明さを獲得することになるのだ）。フランスの話が現実ではないとするなら、『肯定』同様われわれはここで、その話を生みだした行為主体（エージェント）の問題に直面していることになる。『魔法』のクライマックスでわれわれは、この問いにたいする答えを受けとっているように思われる。メタフィクション的な捻れのなかでナイオールが、小説全体の語り手は自分であり、自分こそがリチャードにフランス旅行についての偽の記憶を「与えた」のだと主張することになるのだ。こうした暴露がもたらす圧倒的な効果によって、この小説がいままで築いてきたぞっとする感覚のいくらかが消散させられているとしても――じっさいわれわれはいまや、そうした物語のすべてを生みだした行為主体（エージェント）の正確な性質を知っているように思われる――、しかしわれわれにはまだ、ナイオールが影響を及ぼす範囲という問題が残っている。われわれが読んできたもののうち、どれだけの部分がナイオールの仕掛けたものなのか。いったいどれだけの部分が、ナイオールがいまだにリチャードの「現実の人生」と呼んでいるものに属しているのか。そしてナイオールのフィクションは、どれだけその「現実の人生」と切り離しうるものなのか。リチャードにナイオールを超えた「現実の人生」があるのだとしたら――「お前は俺が作ったんだ」という主張にもかかわらず――、ナイオールは彼の創造主としての作者ではなく、ただの語り手に、リチャードの物語を語る誰かに「すぎない」ことになる。

ナイオールとリチャードのメタフィクション上の闘争は、不可視性の問いにかんするこの小説の核心的な関心の一環として読むことができるものだ。ナイオールが語り手だとすれば、彼は自分が語っている登場人物たちより「一段上」であることになり、したがって彼らからは完全には見えないことになる（彼らは登場人物としてのナイオールとかかわることはできるが、語り手としての彼とはかかわりえない）。だがこの小説は、一見してより分かりやすいかたちで不可視性に関係している。どうやらナイオールやスーザンは、そしてある程度はリチャード自身も、「グラマー」をもっているらしいのだ。小説のなかで説明されるとおり、グラマー

とはスコットランドの古い言葉であり、

本来の意味でのグラマーとは呪文であり魔術である。恋する若い男は、村で一番賢い老婆のもとに出向いて対価を払い、自分の愛する女性にたいしてその姿が見えなくなるまじないをかけてもらって、他の若い男たちが彼女を欲しがることがないようにした。ひとたび魔法（グラマー）にかけられ、魅惑的（グラマラス）な存在になると、以降彼女は、周囲の目から解放されるのだ。

この小説は、こうした消失がどうやって生みだされるのかという点については曖昧なままである——それは見ることの失敗が誘発された結果なのだろうか。あるいは、たんに気づかれることから逃れ、そのまま永遠に背景と化しているということなのだろうか。それとも何らかの魔術が、ナイオールやその他の人間を見られないようにしているのだろうか（しかしいずれにせよ、究極的にいえばこの場合、見ることの失敗が誘発された結果と何も変わらなくなるはずである）。

消失は記憶喪失と並んで、「何かがあるべき場所にある無」のあきらかな例である。だがこの二つの例は、それぞれにはっきりと異なっている。記憶喪失が感知され残される穴――すなわち物語によって埋められることを要求する穴――である一方で、消失はそれ自体を隠す穴なのだ。消失は、グレイが同じ部屋のなかにいる女性を見ないように誘導されるときにこの小説に導入される概念である、陰性幻覚〔negative hallucination：外界の一部だけが見えなくなる現象を指すフロイトの用語〕の例だといえる。陰性幻覚は多くの点で、「陽性」の幻覚よりも興味深いもの――そしてよりぞっとするもの――だ。**そこにあるものを見ないこと**は、そこにないものを見ることよりも異様であると同時に、ありふれたことでもある。見ることの失敗という、自らが自分自身にたいして語っている支配的な物語の数々と矛盾する――あるいはたんにそれらとは一致しない――物質を見過ごすという非自発的なプロセスは、われわれが同一性として経験するものが生みだされていく、進行中の「編集プロセス」の一部なのである。陰性幻覚においては、対象や存在は典型的なものとして記録されるが、しかし見られることはない。たとえば、床に置いてある箱を見ないように誘導されるとしても、いざ部屋を横切るときに人は、箱を避けるために身体の向きを変えるはずであり、さらにいえば、自分がなぜそうしたのかを説明するような、ちょっとした合理的な物語を生みだすはずである。陰性幻覚という概念を導入したのはフロイトだが、作話と同様この現象は、無意識がもつぞっとする質を、その否定的(ネガティヴ)な産物を浮かびあがらせる。それ自体として一つの穴である無意識は同時に、見られることのない穴を生みだすものでもあるのだ。

消滅していく大地について
——M・R・ジェイムズとイーノ

この本の序で触れたとおり、ぞっとするものについての私の考えは、ジャスティン・バートンとのコラボレーション・プロジェクトである『オン・ヴァニッシング・ランド〔消滅していく大地について〕』から生じた。最終的にこのプロジェクトは計四五分のオーディオ・エッセイというかたちを取ることになったが、その原点はわれわれがイングランド東部のサフォーク州でおこなった、海沿いの街フェリックストーから内陸のウッドブリッジまでの徒歩での旅行にある。われわれは別のプロジェクトのためのロケハンをするつもりだったのだが、その風景がそれ自体としてかかわることを要求してきたのだ。旅のはじまりと終わりを象徴するしるしとなったのは、——『オン・ヴァニッシング・ランド』の脚本でジャスティンが書いているとおり、「訪れられることのない広大な広がり」として存在する——フェリックストーのコンテナ港であり、世界的に有名なアングロサクソン時代の船葬場であるサットン・フーである。

この港と埋葬地は、ぞっとするものの二つの異なるあり方を示している。コンテナ港は衰退した海沿いの街にのしかかるようにあらわれ、港のクレーンが、ウェルズの描いた火星人のトライポッド〔『宇宙戦争』に登場する火星人が操る三脚の機動兵器〕のように、ヴィクトリア朝風のリゾートにそびえ立っている。はずれの方にあるトリムリー湿地から近づいて見るとこのクレーンは、ジョン・コンスタブルの描いたような風景を突き破るように飛びだし、かすかに光を放つサイバネティクス的な恐竜のように、鄙びた情景を支配している。このように眺めてみると、この港はそれ自体としてほとんど奇妙な現象のように、エイリアン的なもののように見え、「自然な」情景のなかに約通不能なものが噴出しているように見える。しかし究極的には、その場で支配的なのはぞっとするものの感覚の方なのだ。港の周囲には、じっさいの騒音の程度とは無関係な静寂からくるぞっとする感覚がある。じっさいのところ港は、船が積み荷の上げ下ろしのさいに立てる無機的な音で溢れかえっている。少なくとも見晴らしの利く外側の地点から港を見ている見物人にとって、そこに欠けているのは、いっさいの言語や社会性の痕跡である。コンテナを載せたトラックや船が仕事をしているのを観察したり、コンテナそれ自体を、つまり、ギブソンのサイバースペースに登場する棒グラフを物質化したように積みあげられ、——マースク－シーランド、ハンジン、Kラインなど〔いずれもグローバルな海運業者の名前〕——空虚で国境を感じさせないバラード的な詩情をもつ名前が書かれた金属の箱を眺めていても、人間が現前していると感じられることはめったにない。人間は車両やクレーンやオフィスのなかなど、いずれにせよ視界の外にいる。代わりに思いだされるのは、フィリップ・カウフマンによる一九七八年の映画『SF／ボディ・スナッチャー』で描かれる、繭の配送場における物言わぬエイリアンたちが見せる効率性である。人間を自動制御されたシステムの不可視の結合役に変えるいま現在のコンテナ港と、――事実上フェリックストーの港がそれに取って代わった――ロンドンの古い波止場がもつ喧騒の対比は、過去四〇年にわたる資本と労働の移行について多くのことを教えてくれる。コンテナ港とは金融資本の勝利の証であり、「脱物質化された」資本主義という幻想を促進するきわめて物質的なインフラの一部である。それは現代の資本のありふれた輝きに備わった、そのぞっとする裏面なのだ。

一方でサットン・フーは、少なくとも二つの意味でぞっとするものだといえる。まず第一にそれは、知識のなかに穴を構成する。人工遺物を構築し船を埋葬したアングロサクソン時代の社会の通念や儀式は、部分的にしか理解されていない（船それ自体やそのなかにある人工遺物――そこには信じがたいほど複雑な宝飾品も含まれる――は、はるか昔に大英博物館に移されている。サットン・フーの観光案内所には、代わりにそのレプリカが展示されている）。そして第二に、サットン・フーは、それ自体としてぞっとする場所である。荒涼として独特の雰囲気をもった孤独さがそこにはある。

ぞっとするものへと向かう旅のはじまりと終わりをしるしづけるもう一つの方法として、二人の人物について考えてみることが挙げられる。その二人とはすなわち、M・R・ジェイムズとブライアン・イーノのことだ。ジェイムズは彼のもっとも有名な幽霊譚の一つである「笛吹かば現れん」（一九〇四年）の舞台を、わずかにフィクション化されたフェリックストーに設定している。一方でイーノの一九八二年のアルバム『アンビエント4：オン・ランド』（＊21）は、部分的にサフォーク州の沿岸地域と関係するものになっている。ジェイムズはケンブリッジから来た休暇中の古物研究家としてサフォーク州の風景に接近した。一方でイーノは、サフォーク州生まれの現地の人間が帰郷するというかたちでその土地に向かい（彼はウッドブリッジで生まれている）、音によって子供のころ自分が歩いた風景の「場所、時間、気候、雰囲気」を再構築した。

「笛吹かば現れん」は、ケンブリッジ大学の学者であるパーキンズが、休暇を利用してイースト・アングリアまで徒歩で旅行に出かける話である。舞台となるのはバーンストウ〔Burnstow〕だが、しかしそれがフェリックストー〔Felixstowe〕を暗示することはすぐに分かる。パーキンズはジェイムズ自身に似たその分身だといえる。ジェイムズは他でもなくケンブリッジで古物研究者として働き、頻繁にサフォーク州を訪れていたのだから。パーキン

＊21『アンビエント4：オン・ランド』（*Ambient 4: On Land*）アンビエント音楽の発案者、ブライアン・イーノによる「アンビエント」シリーズ第四作にして最終作（一九八二年リリース）。ニューヨーク居住中のイーノが故郷であるUKのサフォークを思いながら制作した。収録曲〝Dunwich Beach, Autumn, 1960〟のダニッチはサフォークの村を指し、イーノの少年時代にたいする懐旧の念が読みとれるが、他方でそれはラヴクラフト「ダンウィッチの怪（The Dunwich Horror）」（こちらはアメリカの架空の村）と連想上のつながりを持つ。

ズがあとに残してきた都市の世界と、彼が歩きまわる何もなくただヒースだけが生い茂った荒野の対比は同時に、啓蒙的な知識と太古の伝承の対比であり、パーキンズが感じる異様な感覚の大部分は、ケンブリッジの図書館では上手く機能していた学者としての説明の様態が、サフォーク州の風景のなかで彼が出会っていくものにたいしては、突然まったく通用しなくなることに由来している。

「笛吹かば現れん」と「猟奇への戒め」(一九二五年)のなかでジェイムズは、H・P・ラヴクラフトやアラン・ガーナー、ナイジェル・ニールやデヴィッド・ラドキンといったのちの作家たちが出発点とする定型となるものを見つけだしている。二つの物語はどちらも、——青銅の笛と太古の王冠という——古物の発掘を扱うものであり、そうした物体が遠い昔の脅威をいまにもたらすことが題材になっているのだ。だがBBCによるそれらの映画版においては、無機的な人工遺物が呼びだす悪魔的な生物だけでなく、——ジェイムズが「猟奇への戒め」のなかで、「荒涼として厳粛な」と表現している——イースト・アングリアの風景が題材になっていった。

一九六八年に公開された「笛吹かば現れん」のTV映画版においてジョナサン・ミラーは、フェリックストーではなく、サフォーク州の伝説的な街であるダニッチと、ノーフォークにある小村ワックスハムをロケ地に用いている。パーキン(翻案では原作での「パーキンズ」から、わずかに名前が変えられている）が崩れかけた崖の中腹にある墓碑のなかをさまよい歩くなかで、笛を見つける決定的なシーンはあきらかに、――ヘンリーの方のジェイムズが、サフォーク州に徒歩旅行に出かけたさい、いまではほぼ全面的に不在によってできていると書いた場所である――ダニッチで撮影されている。かつては繁栄した漁港だったダニッチは、一三二八年の嵐で一挙にそのほとんどを破壊されたのだ。残された部分の大半もだんだんと海に奪われていき、いまだに残っているのは数件の家とただ一つの教会だけで、それらでさえもいまや、緩慢だが貪欲な海によって脅かされている。

ワックスハムもまた不在によって支配されている場所である。数件の平屋と荒廃した教会があるだけのその場所は、一つの村の骸骨といったような感覚を与える場所だ。だがミラーは、この村の数少ない建物をいっさい利用せず、代わりに浜辺のなかば抽象的な領域に集中している。ほとんど特徴のないワックスハムの浜辺は、ジェイムズによって以下のように描写される風景を見事にとらえている。すなわちそれは、「砂浜に縁取られ、短い間隔で水面までつづく黒い突堤が交差する、砂利まじりの長い海岸」であり、その「場所がどこであるのかを示す目標がない」ことによって特徴づけられる、「一人の役者も見えない」「荒涼とした舞台」なのである。

ミラーの映画において、名優マイケル・ホーダンが演じるパーキンは、しだいに崩壊していく一人の論理実証主義者だといえる。彼の精神は、脅威の差し迫ったイースト・アングリアの海岸線と同じくらい確実に、ただそれよりもはるかに速く侵食されていく。ホーダンはこれ以上ないほどの演技でパーキンがもつ引きこもり性を伝えている。彼の言葉や言い回しはどれも、会話のきっかけになる話題とか何かしらの小話を言い澱むように口にするものであり、具体的に人を前にした状況のなかでより、自身の心の劇場でリハーサルされるときの方がはるかに上手く機能する類のものである。彼は人と一緒にいるより、家で本を読んで過ごすタイプの男なのだ。アルフレッド・エイヤーのような仕方で、ホーダン演じるパーキンは、死後の生という概念を意味を欠いたものとして退けることを習慣にしている。だが彼の哲学的な立場の執拗さは、ぶつぶつとつぶやくようなその説明の不安定さによって裏切られている。あるレベルでいえば、何もない砂丘や孤独なヒースの荒野は、しだいに独我論的になっていくパーキンの精神状態の客観的な相関物になっているのだといえる。しかし浜辺はまた、パーキンが外部と、すなわち彼の内面を致命的に混乱させる異邦的(エイリアン)な諸力と出会う地帯でもある。

ミラーによるテレビ版の「笛吹かば現れん」とイーノの『オン・ランド』のあいだには、強い親和性が存在している。というのもそれらは、事実上どちらも、イースト・アングリアの土地にあらわれているぞっとするものにたいする省察になっているからだ。いつまでもつづく風景にたいする集中や陰鬱な沈黙、あるいは大きな動きを欠いたシーンによってミラーは、のちにイーノが発明するアンビエント・ミュージックにたいするTVにおける等価物を生みだしたかのようである。『オン・ランド』においてイーノは、このアルバムのための解説のなかで次のように書いた。「風景は何かがその前で起こるための背景であることをやめた。代わりにすべては風景の一部として起こることになる。前景と背景のあいだにはもはや、画然たる区別は存在しない」。ミラーの映画のぞっとする性質は、風景をそれ自体として一つの行為主体（エージェント）として扱うことからもたらされている。この映画は、ほぼ砂漠化しているヒースの荒野や浜辺に備わった人を引きつける遅さをとらえ、そうした陰鬱な荒涼感のなかにある崇高さをとらえている。いまでは廃れて難解なものになっているそうした土地のもつ力を過小評価することによってパーキンは、危険にさらされることになるのだ。

「猟奇への戒め」というタイトルからもあきらかなとおり、ホラー作家であると同時に保守的なキリスト教徒でもあるジェイムズにとって、外部にたいする魅惑はつねに致命的なものである。だが『オン・ランド』は、かならずしも脅威的なものや破壊的なものであるわけではない外部という発想にたいして、より開放されている。穏やかに流れに逆らういくつもの瞬間、泡立つ音、さえずるような音、ささやくように示唆される非有機的な感覚性とともにある『オン・ランド』は、細部で溢れかえった夢のような風景を呼びおこす。イーノの伝記作家であるデヴィッド・シェパードは、イーノ自身の子供時代を呼びおこすものであるにもかかわらず、『オン・ランド』がもつ雰囲気は、「感傷的な思慕のそれというよりも、内向的で感覚的な酩酊のそれだった」と書いている。たしかに、『オン・ランド』は人を感覚的に酔わせるものだが、これほど心理学的な内面を欠いたレコードにたいして「内向的」というのは、およそ事態にそぐわない言葉だと思われる。たしかに『オン・ランド』には孤独の感覚があり、平凡な社会性の喧騒から引きこもるような感覚があるが、しかしそれは、外部にたいする開放性の前提条件としてあらわれているものである。ここでの外部は、あるレベルにおいて、根本的に脱牧歌化された自然を意味し、そしてその外縁部では、現実界との、それまでとは異なる一段高められた出会いが生じていくのだ。

　イーノは同じ解説のなかで、『オン・ランド』の着想の一部は、『フェリーニのアマルコルド』（一九七三年）の「聴覚による対応物」を制作しようという野心にあるのだと述べている。音への移行が、ぞっとするものを開放していく。参照事項をもたない音（アクースマティック・サウンド）――つまり可視的な起源から分離されている音――には、本質的にぞっとする次元が備わっているのだ。たとえば『オン・ランド』のなかでもっとも不安さを煽る曲である「シャドウ」は、人間の声でも動物のうめき声でも風の動きが生みだす聴覚的な幻覚でもあるような、静かで悩ましい鳴き声のようなものによって特徴づけられる。こうした特徴は、何らかの敵対的な行為主体（エージェント）の働きを示唆するが、しかし『オン・ランド』を驚くべきものにしている点の一つとして、それがホラーや幽霊譚といったジャンルには収まらないぞっとするものの可能性を、すなわち、――世俗的なものの領域を超えて拍動するがゆえに――人を狼狽させる異邦性(エイリアン)をもちながら、それでも痛いほどの魅力をもっている外部の可能性を切り開いているという点が挙げられる。ジェイムズにとって、外部はつねに敵対的で悪魔的なものとしてコード化されている。クリスマスにケンブリッジの聴衆に向けてその幽霊譚を朗読したさい、それが垣間見せる外部が聴衆に戦慄をもたらしたのは間違いないとしても、同時にそこには、この閉ざされた世界の外部に出るのは危険なのだという確たる警告が含まれていた。しかし――二〇世紀におけるヴィクトリア朝的人物である――ジェイムズが防衛しようとしていた世界は、多くの点ですでに消滅していたか、あるいは消滅の危機に瀕していた。フェリックストーにあるバス・ホテル――ジェイムズの常宿であり、「笛吹かば現れん」に登場するホテルのモデルになったもの――は、サフラジェットたちによって一九一四年に焼き払われている。私としては最終的に、ジェイムズが排除したぞっとするものの次元を強調したいのだが、しかしひとまず、ジェイムズにつづいてぞっとするものの周縁的なあり方を探求した二人の作家について考えてみよう。その二人とはすなわち、ナイジェル・ニールとアラン・ガーナーである。

ぞっとするタナトス
――ナイジェル・ニールとアラン・ガーナー

通俗的なホラーや廃れたSF、民話が見せる暗い側面のなかでは、〈無機的な悪魔〉や地質学的に年代の異なる人工遺物に分類される太古の超兵器を発掘すること、あるいはそうしたものと対峙することにたいする関心が共有されている。そうした遺品や遺物は一般に、非有機的な物質（石、金属、骨、魂、灰など）によって作られた物体というかたちで表現される。自律しつつ感覚をもち、人間の意志から独立しているそうした存在は、それが見捨てられた状態に、記憶に残らぬまま眠っているさまに、挑発的なほど精妙な形態によって特徴づけられる。［……］無機的な悪魔は本質的に寄生的なものであり、［……］一人の個人であれ、一つの民族性であれ、一つの社会や文明全体であれ、人間的な宿主を起点にしてその効果を発生させていく。

――レザ・ネガレスタニ（＊22）『サイクロノペディア――匿名的物質との共謀』

＊22　レザ・ネガレスタニ（Reza Negarestani）
イラン出身の小説家／哲学者（一九七七～）。「セオリーフィクション」なるジャンルの画期となった長編『サイクロノペディア』（二〇〇八年、未訳）の著者。フィッシャーはじめ、のちに思弁的実在論を展開することになるレイ・ブラシエなどが関わっていたCCRU（九〇年代半ばに形成された、ウォーリック大学の文化研究集団。加速主義で知られるニック・ランドが主導）に参加していた。電子音楽家フロリアン・ヘッカーとの度重なるコラボレイションでも知られる（いずれもウィーンのレーベル、エディションズ・メゴからリリース）。

ここでレザ・ネガレスタニが描いているのは、ジェイムズが「笛吹かば現れん」や「猟奇への戒め」で用いた構造だといえるかもしれない。だがこのパターンは同時に、ナイジェル・ニールとアラン・ガーナーというジェイムズの二人の後継者が用いているものでもある。そのもっとも重要な作品のいくつかのなかで、ニールとガーナーはともに、地中から発掘された「無機質な悪魔」、すなわち人工遺物を登場させている。それらは運命的なエンジンとして作用するものであり、登場人物を命にかかわる強迫へと引きこんでいくことになる。ニールとガーナーはどちらも、ぞっとするタナトスと呼べるだろうものの——すなわち、そこにおいては「心理学的なもの」が外部からの諸力の産物としてあらわれることになる、人格を超えた（そして時間を超えた）死の欲動の——輪郭を探求していくのだ。

クウェイターマスのタナトス

ナイジェル・ニールが脚本にかかわったことで知られるTVシリーズは一般に、（とくにホラーとSFという）ジャンル間のはざまに位置するものなのだといわれる。だが私としては、ニールの最良の作品を特徴づけているのは、それがもつぞっとする感覚なのだと主張しておきたい。M・R・ジェイムズとは異なり、ニールが超自然的なものをそれ自体として取りあげることはない。じっさい――この点は『クウェイターマスと穴』で他の何よりあきらかだが――、ニールの作品において一つの基準になっているのは、かつては超自然的なものだと思われていたものにたいして、それが生みだされた科学的な動機が与えなおされるという動きなのだ。ある帯域では「悪魔」として把握されうるものが、別の帯域では特殊な物質的行為主体（エージェント）としてあらわれる。啓蒙主義以来の科学が、〔人間とは別の〕補足的な精神的実体など存在しないと主張してきたことは事実であり、この点はニールも同意しているが、しかしわれわれが生きている物質的世界は、自分たちが想像してきたよりもはるかに異邦的（エイリアン）で異様なものなのである。ニールは、理性の特権的な担い手と見なされる人間的主体の優位を主張するのではなく、世界のあり方の性質を探求することは必然的に、人間という存在が自分たちをどんな存在であると見なしてきたかという点をあきらかにすることに繋がるのだということを示しているのだ。

ニールの作品の核心にあるのは、行為主体性（エージェンシー）と意図〔intention〕をめぐる問いである。幾人かの哲学者たちによるなら、自然的な世界と人間存在を決定的に分離するのは、志向性〔intentionality〕という能力の存在だとされる。志向性とはわれわれが通常理解しているような意図を含むものだが、じっさいのところそれは、事物**について**何らかの感情を抱く能力を意味している。たとえば川は、行為主体性（エージェンシー）をもっている――つまりそれは変化に影響を与える——が、それがおこなっていることに関心をもっておらず、世界にたいして何らかの態度を示すということがない。ニールが生みだしたなかでももっとも有名なキャラクターである科学者のバーナード・クウェイターマスは、そうした志向性の有無という区別に悩まされる急進的な啓蒙思想家たちの軌道に属しているといえる。スピノザやダーウィン、フロイトといったラディカルな啓蒙思想家たちは、一貫して次のような問いを提起している。すなわち、「自然界はともかくとして、志向性という概念はいったいどの程度人間に適応されるものなのか」。こうした問いは部分的に、急進的な啓蒙思想が、——「もし人間が自然界と呼ばれるものに完全に属しているのだとしたら、彼らにたいする特例はいったい何を根拠に生まれえるものなのか」という問いとともに——徹底した自然化を主張してきた結果として提起されているものだといえる。急進的な啓蒙思想がそうした問いから引きだしてくる結論は、ジェーン・ベネット（＊23）のような、いわゆる新唯物論者たちが支持してきた主張と正反対なものである。ベネットのような新唯物論者たちは、人間と自然界のあいだの区別がもはや通用しないことを認めているが、しかし彼らはこのことを、これまで人間にだけ認められていた数多くの特徴は、じっさいには自然界全体に配されているものなのだという意味で受けとる。それにたいして急進的な啓蒙主義は、志向性などというものははたして存在するのか、もし存在するとしたら人間はそれをもっているといえるのかと問うことで、反対の方向

＊23　ジェーン・ベネット（Jane Bennett）
アメリカの哲学者（一九五七〜）。新唯物論（ニュー・マテリアリズム）の代表的論者。気候変動や人新世が騒がれる二一世紀の現代にあって、（人間ではなく）モノと向き合おうとする「生命的唯物論（vital materialism）」を提唱する。この次の段落に登場する「振動する物質（vibrant matter）」は、彼女の著書のタイトルでもある（*Vibrant Matter: A Political Ecology of Things*, Duke University Press, 2010.）。

へ進んでいく。それにたいする答えは複雑なものである。すなわち、人間のなかにはたしかに志向性のようなものが存在しているかもしれないが、しかしそれは、人間が自分たちの性格や、意識的な意図や、感情だと考えているものとは対応していないのだというのである。

ニールが登場してくるのは以上のような状況だといえる。クウェイターマスはこれまで人間だと見なされていたものの根底にある、機械的で自動的で異邦的（エイリアン）なものを発見する。クウェイターマスの研究の最終的な対象としてあらわれてくるのは、フロイトが「快楽原則の彼岸」（一九二〇年）のなかでタナトスと呼んでいるものだ。すべての物質はある程度生きているのだと示唆する新唯物論者たちの「振動する物質」という考えとは対照的に、タナトスというフロイトの提起には、生きているものなど**何もなく**、生とは死の領域なのだという推測が含意されている。フロイトがのちにタナトスとエロスの二元論的な闘争という考えを持ちだしたのは、あらゆる生は死につうじる道にすぎないのだと論じる「快楽原則の彼岸」における危険な一元論からの撤退だと見なすことができる。有機的な生と呼ばれるものは、じっさいのところ無機的なものを折りたたんだものの一種なのである。

だが無機的なものは受動的なものではなく、自己推進的なものだと見なされる生と対になるような、不活性なものではない。反対にそれは、それ自体の行為主体性（エージェンシー）をもっている。それをもっとも根本的なかたちで定式化するなら死の欲動とは、死に向かう欲動ではなく、死による欲動なのである。無機的なものは、人格的なものや有機的なものに見えるものを含めた、あらゆるものの非人格的な操縦者(パイロット)なのだ。タナトスという観点から見ると、われわれ自体がぞっとするものの典型的な例になる。つまりわれわれのなかには、ある行為主体性(エージェンシー)（無意識、死の欲動）が存在しているのだが、しかしそれは、われわれが期待している場所に存在するものでもなければ、われわれが期待するようなものでもないのである。

だが話はこれで終わらない。ここで重要なのは、われわれが死の欲動の盲目的な奴隷だということではないのだ。むしろ重要なのは、われわれが死の欲動の奴隷ではないのだとしたらそれは、同じく非人格的なプロセスである科学が存在しているからなのだということである。科学には、フロイトがタナトスと呼ぶプロセスそのものを発見し、分析する過程が含まれている。したがってラディカルな啓蒙の科学者という人物像は、自分たち自身がもつ衝動のタナトス的な本性を理解する者であるとともに、――そのことを理解していればこそ――そこから逃げだす可能性を提示する者でもあるのだ。以下では、ニールのよく知られた二つの作品――『クウェイターマスと穴』（一九五八年〜一九五九年）および『ザ・ストーン・テープ』（一九七二年）――と、あまり注目されていないシリーズの一つ――シリーズの最終作である一九七九年版の『クウェイターマス』――を考察することで、以上の点を探求していくことにする。

『クウェイターマスと穴』は、架空のロンドンにある地下鉄の駅であるホッブス・エンドでおこなわれる掘削工事をめぐる物語である。作業員が発見した何かが火星の宇宙船であることが判明するが、その内部は気味の悪い虫のような生き物の死骸で満たされている。エイリアンが出てきた、われわれはそう考える。だがニールの脚本の天才は、そのなかで登場する火星人が、――「われわれとは異なる」存在という意味での――エイリアンではまったくないという点にある。自分たちの惑星の滅亡から逃れてきた火星人たちは、五百万年前の時点で、自分たちの種を存続させるため、すでに原人類と交配していたのだ。

だからこそエイリアンと人間の区別は必然的に不安定なものになる。『クウェイターマス』シリーズが進むにつれて、エイリアンはどんどんとわれわれと親密な存在になっていく。一作目の『クウェイターマス・エクスペリメント』では、エイリアンは宇宙にいる。だが(『SF／ボディ・スナッチャー』イギリス版といえるような)二作目の『クウェイターマスⅡ』では、エイリアンはすでにわれわれのただなかにいる。そして三作目の『クウェイターマスと穴』では、エイリアンなのはわれわれ自身になっている。

映画の最後でクウェイターマスは火星人に立ち向かい、地球が「火星人たちの第二の死んだ星」にならないようにと強く願うが、こうした展開は、――われわれ自身が火星人なのだという――この映画の慈悲なきメッセージからの後退であるように思われる。だがニールがすでに、――よくよく解明してみるなら、人間とは有機的なタナトスという本体の枠内にある襞にすぎないのだというかたちで――エロスとタナトス、人間と火星人の対立を脱構築しているのだとしても、科学者である彼にはいまだ、このことを発見した科学に希望を託す資格が与えられているわけである。

『2001年宇宙の旅』(この作品についてはのちの章で取りあげる)で語られる人間の起源についての物語のより暗いヴァージョンだといえる『クウェイターマスと穴』は、同時にまた、J・G・バラードの『沈んだ世界』と多くの点で共通点をもっている。そうした共通点のなかでもっとも重要なのは、グリール・マーカスが『リップスティック・トレイスズ』(＊24)のなかで「系統発生的な記憶」と呼んでいるテーマである。『クウェイターマスと穴』のなかでの記憶は、「逐語的(リテラル)な」記憶であり、深く沈潜しているがいまだ接近可能な精神の痕跡である(映画のなかでは宇宙船の発掘がその引き金になる)。一方『沈んだ世界』における「記憶」は、人間存在それ自体の肉体的な形式のなかに、つまりバラードのいう「脊柱の風景(スピナル・ランドスケイプ)」のなかにコード化されている。『クウェイターマスと穴』は系譜学的だが、『沈んだ世界』は地質学的である。だが両者のなかではいずれも、人間の神経系や記憶は、無機的な記録物(レコーディング)――人間が読みとり、繰りかえさなくてはならないトラウマ的な出来事の遺物――だと見なされている。

＊24 『リップスティック・トレイスズ』(*Lipstick Traces*) ロンドン・パンクにおけるダダイズムとの類似性を指摘したことで知られるアメリカのロック評論の草分けによる代表作だが、文化の記憶に関しての分析も試みている。それが同書において「系統発生的な記憶」と呼んでいるテーマで、フィッシャーはこの概念について『K-PUNK』でも触れている。

ニールはこの記憶というテーマを『ザ・ストーン・テープ』において前景化させた。この作品は、ある科学者たちの集団が、新しい研究所のなかに住みはじめるところからはじまる。しかしすぐに、その建物が幽霊に取り憑かれていることがあきらかになる。メンバーの一人であるプログラマーの女性は、その幽霊（謎の転落死を遂げた一九世紀の使用人の少女）にたいする特別な「感度」をもっている。科学者の必然として彼らは、その現象を疑って済ます状態から脱し、それを説明し秩序立てて把握する必要に駆られて、息つく間もなく奔走することになる。

　ここでのニールの主張は、亡霊や幽霊というものは、物質によって、つまりその部屋に置かれている石によって、逐語的（リテラル）に記録された特殊で強烈な現象なのだというものである（『ザ・ストーン・テープ』というタイトルはこうした点に由来する）。どうやら偶然らしいのだが、このとき科学者たちが調査していたのは、新しい、よりコンパクトで耐久性のある記録媒体だった。だがそこで生じた亡霊的な現象は、新たな記録媒体の可能性だけではなく、新たな再生装置（プレイヤー）の可能性も示すことになる。その再生装置（プレイヤー）とはつまり、人間の神経系それ自体のことだ。科学者たちは、（まだ避けがたく暗い結末を迎える前の）喜びに満ちた至福の時間のなかで、たがいに笑いあい、直接頭に放射されて伝達されるという、完全に無線化したコミュニケーション・システムの展望を冗談まじりに語りあっている（ウィリアム・ギブソンのサイバースペースのようだが、しかしそれはトロード〔『ニューロマンサー』に登場する電極のような装置。サイバースペースを視覚的に再構成するために脳に接続される〕さえ必要としない）。

　だが科学者たちの強迫観念的な活動は、テープを消しさること――少なくとも最後にそこに記録されていたものを消しさること――で終わりを迎える。別の何かが、より古い何かがその下で蠢き、プログラマーの女性を脅かして、一九世紀の少女の足跡を逐語的(リテラル)にたどらせ、完全な恐怖のなかで生じた少女の死を味わわせることになるのだ。ニールがこうした結末で暗示しているのはつまり、再生装置(プレイヤー)と再生されるもののあいだにある区別の崩壊だといえる。はじめのうち、幽霊のような叫び声は、霊に取り憑かれたその部屋を悩ませる乾いたカビ同様行為主体性(エージェンシー)を発揮することができない、控えめで不活性なものだと思われている。だが最終的には、人間たちこそがひどい反復強迫にとらわれていることがあきらかになる。まるでこの部屋は、科学者たちをそそのかし、さらにもう一つの死へと突き落として、かつてと同じ展開をもう一度再生(プレイ・アウト)しているかのようである。物語が進むなかで、じっさいその部屋は、古代の供儀の場であったことが暗示されている。けっきょくのところ、人間という再生装置(プレイヤー)はそれ自体として、何十億年という昔からの無意味な反復の一部なのだ。こうして、ぞっとするタナトスがふたたびあらわれる……。

　タナトスは、過小評価されている『クウェイターマス』シリーズ最終作において、その全編に覆いかぶさっている。ニールはこの作品を、六〇年代への鎮魂歌と見なしていた。それは若者たちのメシアニズムが育んだタナトス的欲動についての暗い寓話になっている。ニールは度を越して興奮したポスト・パンク風の若者たちや、クラスティ（＊25）たちの先祖のような若者たちを描いていくが、地球の再生というヒッピーたちの夢に代わって彼らは、もう一つの世界への、もう一つの太陽系への逃走を熱望している。『クウェイターマス』の風景は、一九七〇年代の不安が直接投影されたものだった。窒息しかけている環境圏、燃料不足、ホッブズ的な万人にたいする万人の闘争へと向かっていく社会契約の崩壊——ようするにその風景は、六〇年代のユートピア主義が廃墟と化した姿だったのだ。

（バーダー・マインホフ・グルッペや赤い旅団や怒りの旅団〔それぞれ西ドイツ、イタリア、イギリスの極左組織。いずれも一九六〇年代末に結成されている〕から着想された）街頭をバリケードで塞ぎ、武装したまま移動するストリート・ギャングたちは、キリング・ジョーク（＊26）のジャケットからそのまま外に出てきたかのようであると同時に、保守党の選挙報道からそのまま外に出てきたかのようでもある。それが反動的なものであれ、古代復興的なものであれ、革命的なものであれ、想像的なものや衝動の数々は、一九七九年の時点で、そんなふうにして次々に、——映画に登場する避難者の老人たちが、そこから自分たちの隠れ家にするためのリゾームを構築していく打ち棄てられた車のように——崩壊していったのだ。

＊25　クラスティ（crusties）
一九八〇年代のイギリスのアナーコ・パンクから派生した、家や持ち物をほとんど持たないトラヴェラーないしはスクウォッターで、反資本主義、動物愛護、反原発、森林伐採反対、菜食主義、ラディカル・フェミニズムの集団。トニー・ブレアがロンドンを再開発するまでは、街のいたるところに犬を連れてしゃがみ込んでいるクラスティがいた。

＊26　キリング・ジョーク（Killing Joke）
UKのインダストリアル・ロック・バンド。文中でフィッシャーが指しているジャケットは一九八〇年のデビュー・アルバムのものと思われる。それは、「血の日曜日」の数ヶ月前に北アイルランドのデリーで起きた暴動鎮圧のためにイギリス軍が噴出したガ

一九七九年版の『クウェイターマス』と似た何かを考えようと思うなら、当時としては避けがたいことだが、およそ好意的とはいえないかたちで比較の対象にされた映画のヒット作（ともに一九七七年の作品である『スター・ウォーズ』や『未知との遭遇』）ではなく、その年に出た主なポスト・パンクのレコード（チューブウェイ・アーミーの『レプリカ』（＊27）、ジョイ・ディヴィジョンの『アンノウン・プレジャー』など）に注目するべきである。『未知との遭遇』序盤の強迫観念的なシーンの数々は、たしかにほとんどニール的だといえそうなものである。だがそのすべてが、ジャン＝ミシェル・ジャールを思わせる光の演出と、ずいぶんと可愛らしいエイリアンの登場によって、最後には消し去られてしまうことになる。メインの登場人物たちが序盤にもっていた自動性や、エイリアンにかんする数多くの問い（そのなかには、じっさいのところエイリアンというものは存在するのかどうかをめぐる問いも含まれる）が、それ以降のSFのヒット作のなかで当たり前なものになっていくもの——つまりこれ見よがしに費用のかかった特殊効果による強制的なスペクタクル——に取って代わるなかで消え去ってしまうのは、ぞっとするものそれ自体に他ならない。

『未知との遭遇』と『クウェイターマス』に共有されているのは、無意識のうちにエイリアンの勢力に手を貸しはじめている人間たちの集団という光景である。だが『クウェイターマス』は、スピルバーグが屈せずにはいられなかった誘惑——つまりエイリアンにたいする

スから逃れようとする若い暴徒たちの写真。

＊27 チューブウェイ・アーミーの『レプリカ』 ゲイリー・ニューマンが、主にフィリップ・K・ディックの『アンドロイドは電気羊の夢を見るか？』に触発されて制作した一九七九年のシンセ・ポップ・アルバム。日本でもリアルタイムでヒットした。

擬人化という誘惑――に抵抗しえている。『クウェイターマス』に登場するエイリアンの目的は、彼らの肉体的な形態同様、底知れず不明瞭なままだ。われわれが彼らについて「知っている」ことは、どれもみな推測や推理や思弁の結果にすぎないのである。あらゆる意味で彼らは、われわれから何光年も離れているのだ。

ニールの重要なテーマ――異邦的(エイリアン)なものの親密さ、有機的存在のなかにある絶滅への熱望――は、この作品において、若者たちの千年王国主義を分析するなかで浮かびあがってくる。ユース・カルチャーにたいする彼の解釈は、水瓶座の時代(＊28)のユートピアというよりも、ジェフ・ナットル(＊29)の『ボム・カルチャー』(一九六八年)と関係している。共に集まって群衆を形成しようとする衝動は、若者の無意識に深く植えつけられたプログラムに従うものとして、症候的に解釈されているのだ。

同作においてニールは、――〈深い過去〉の遺跡のなかから現在を発掘するという――いつもどおりのサイバーゴシック的方法論を用いて、新石器時代のストーンサークルに焦点を当てていく。『クウェイターマス』は、巨石の並べられたその場所はトラウマを記録したものであり、石は大量殺戮を記憶するものとして配置されているのだと仮定する(天体規模の終末論的な出来事とストーンサークルの対比は、この三年前の一九七六年に放送された、ＩＴＶによる記憶に残されるべきぞっとする子供向け番組である『チルドレン・オブ・ザ・ストーンズ』(＊30)です

＊28 水瓶座の時代
占星術によると、二〇世紀の後半に魚座から水瓶座に入るとされ、人類はあらたな精神文化を持ち、新しい時代がはじまるとされた。折しも、六〇年代のアメリカのフラワー・チルドレンがこれに反応し、ミュージカルの『ヘアー』では冒頭で水瓶座の時代の到来を宣言し、ウッドストックも「水瓶座の博覧会」と題された。

＊29 ジェフ・ナットル (Jeff Nuttall)
ジェフ・ナットルは、六〇年代のアンダーグラウンドな出版物に記事や漫画を寄稿していた作家でありアーティスト(一九三三〜二〇〇四)。『ボム・カルチャー』(一九六八年)は、六〇年代のイギリスのカウンター・カルチャーと広島への原爆の影響を描いた名著。

でにおこなわれているものである）。

『クウェイターマス』は不吉にも、ストーンサークルを過去に人類の「収穫」がおこなわれた場所だと見なす。人間を刈りとる種がどんな姿をしていて、彼らの動機はいったい何なのかなどということに、いったい誰が答えられるというのだろう。タンパク質を欲していたのか。吸血鬼のようにエネルギーを吸収していたのか。クウェイターマスには推測することしかできない。ここでニールは、ストーンサークルが典型的に生みだすものであるぞっとする情動を引きだしている。すでに指摘したとおりだが、ストーンサークルはわれわれを、完全に崩壊した象徴構造に直面させ、結果として人間の深い過去は、解読不能な異邦（エイリアン）の文明のなかにあり、われわれにとっては未知なものであるその儀式や主観性の様態のなかにあったことがあかされることになるのである。

ニールは、名の知れたスターにこだわる制作会社のユーストンに強制されたジョン・ミルズの起用に失望していた。彼が望んだのは（それぞれにTV版と映画版の『クウェイターマスと穴』で科学者を演じている）アンドレ・モレルやアンドリュー・キアだった。おそらく彼はミルズを、とてもモレルやキアが演じたのと同じ人間とは思えない、主人公として不十分な存在だと見なしていたはずである。

だが彼が見せる人間にたいする静かな怒りや、同情や、嫌悪感や、わずかだが持続するそ

＊30　ドラマ『チルドレン・オブ・ザ・ストーンズ』　一九七七年放映のファンタジー・ミニシリーズ（全七話）。巨石遺跡に囲まれた小村に研究のため滞在することになった天体物理学者の父親と霊感の強い息子が主人公で、数々の怪奇現象や村民の不可解な行動に遭遇し調査に乗り出した両者は、衝撃の事実を発見する。新異教徒儀式に使われたとされる新石器時代（紀元前八〜五〇〇〇年）のストーンサークルが残るウィルトシャー州エイヴベリー遺跡群がロケ地。午後四時台という「子供向け番組」枠で放映されたものの、暗い内容や不気味な音楽の使用、科学・時空論や民俗・歴史学の導入が当時は斬新で、「こわいドラマ」としてカルト人気がある。

の威厳は、ミルズをクウェイターマス役の決定版になりうる存在にしている。ミルズはこの番組の倫理的な帰結である宇宙的なスピノザ主義に、恐るべき権威を与えている。一家全員を失ったショックから立ちなおったばかりの若き天文学者のジョー・ナップが「悪」について語るとき、クウェイターマスは次のように彼を正す。「悪はいつだって他の誰かの善かも知れない。それが宇宙の法則なんだ」。

『赤方偏移』の神話的時間

アラン・ガーナーの並外れた小説『赤方偏移』（一九七三年）は、著者がある駅で「いまは（ノット・リアリー・ナウ・ノット・エニ・モア）そうじゃないもうそうじゃない」という落書きを見たことをきっかけに書かれたといわれている。とくにそれが匿名の落書きとして書かれたことを考えると、この落書きにはきわめてぞっとするものが、不可解で暗示的なものが存在している。居場所をもたないこの詩の名もない作者は、それによっていったい何を意味していたのか。それを書いた者にとってこの詩にはどんな意味があったのか。いったいどんな出来事がそれを書かせたのか。それは個人的な危機なのか、文化的な出来事なのか、神秘的な啓示のようなものなのか。ガーナーの他にも駅の壁に書かれたそのフレーズを目にした者はいたのか。あるいはそれを見たのはガーナーだけだったのか。私はそれがガーナーの想像によるのではないかといいたいわけではない。ただこのフレーズがあまりにも完璧にガーナーの作品における時間の渦をとらえているため、それが彼にだけ向けられた特別なメッセージであるかのように思われるのだ。落書きをした者の「意図」がどうであれ、おそらくこれはそのとおりなのだろう。

　世界でもっともよく知られた匿名の情報源〔Wikipediaのことだろう。じっさい『赤方偏移』の項目には、以下の記述が見られる〕が信じるべきものだとしたら、「いまはそうじゃないもうそうじゃない（ノット・リアリー・ナウ・ノット・エニ・モア）」という言葉は、チョークで壁に書かれた二人の恋人の名前の下に、口紅で殴り書きされていたのだという。だとするなら――表面的に見るかぎり――それは、このフレーズにたいする説明としてはどこか退屈なものに感じられる。誰かが――二人の恋人のうちの一人なのか、彼らの友人の一人なのか、彼らの敵や競争相手なのか、それとも他人なのか――、恋人たちの関係のあり方についての――皮肉まじりなのか、憂鬱そうになのか、怒りをこめてなのかは分からないが――コメントを残した。そしてそれなりに非凡だが、いずれにせよ分かりやすいものではあり会話的なものである一つのフレーズ――いまはそうじゃない（ノット・リアリー・ナウ）もうそうじゃない（ノット・エニ・モア）――が、カンマの省略が生んでいる効果によって、詩的な不透明さを獲得しているのだというわけである。だが、こうした一見して事態を収縮させるような説明によっても、この「いまはそうじゃないもうそうじゃない（ノット・リアリー・ナウ・ノット・エニ・モア）」というフレーズがもつぞっとする性質を払いのけることはできない。ガーナーがこの落書きに出会ったことには、どこか**運命的な**ところがあったのだと考えることによって、このフレーズに本来的に備わった、消し去りがたいぞっとする性質は倍加することになる。それが運命的な時間性を指しているのでないとしたら、いったいこのフレーズは何を指しているというのか。いまじゃない(ノット・ナウ)、もうそうじゃない(ノット・エニー・モア)、まったくない(ノット・リアリー)。これは現在が侵食され、消滅してしまったということを、――つまりいまはもうない(ノー・ナウ・エニー・モア)のだということを――意味するのだろうか。あるいは、われわれは、未来があらかじめ書かれている〈つねにすでに〉という時間のなかにいて、その場合そこにあるのは未来ではない、つまりまったくそうじゃない(ノット・リアリー)ということなのかもしれない。

だがわれわれは先走りすぎている。じっさいのところ、『赤方偏移』のなかでは何が起きているのか。その謎めいた運命によって散文詩に似たものになっているテクストにたいしてはまったくふさわしいものには見えないレッテルだが、この「小説」のなかには、ローマ期のイギリス、イングランド内戦、そして現在という三つの時代が併置されている。

現代のエピソードで中心になるのは、拷問のように苦しく、窒息しそうなほど激しいトムとその恋人ジャンの関係である。彼らの錯綜した関係には、はじめから妨害され挫折しているような質があるように思われる。外的な障害――二人の関係にたいするトムの両親の敵意や、ジャンがいまはロンドンに越しているという二人のあいだの物理的な距離など――は、内的な障害によって倍加されている。後者のなかでももっとも強力で厄介なのは、トムの強迫観念的な嫉妬と独占欲によって生じているそれであり、ジャンが年上の男と関係をもっていることをトムが知った時点でそれは、憎しみへ——あるいは畏怖の念にさえ——変わっていく。ジャンを独占しようという彼の欲望そのもの、彼女の存在それ自体にたいする所有権を主張しようというその欲望そのものが、最終的にジャンを遠ざけてしまうことになるのだ。このことはすぐに、ジャンを破壊するものになるというより、トムに自己破壊をもたらすものになり、結果としてジャンはだんだんと自らの自立を主張しはじめ、最終的には二人の関係を終わらせることになる。

内戦のエピソードには、チェシャー州のバサムリーという村に住む若い癲癇患者のトマス・ローリーと、その妻マージャリーが登場する。彼と他の村人たちは、王党派の軍隊を退けるために即席で防壁を築き、教会のなかに立てこもるが、ローリーは発作を起こし、誤ってマスケット銃を撃ってしまい、結果として王党派の残虐な攻撃を招いてしまう。女たちはレイプされ、ローリーを除く男たち全員は殺される。だがローリーとその妻は、王党派の兵士のなかでももっとも野蛮な一人であるとともに、マージャリーの元恋人でもあるトマス・ヴェナブルによって無事に助けだされる。

ローマ占領下のエピソードでは、壊滅させられた第九軍団出身のローマ兵の一人であるメーシーに焦点が当たる。子供のようなメーシーは、兵士たちによってレイプされ捕虜にされていたケルトの女司祭と友人になる。最終的にこの女司祭は、パンに毒をもって兵士たちを殺し、メーシーとともに逃げだすことになる。以上三つの時代の関係は、まったく理解不能とはいわないまでも、謎めいたものである。それぞれのエピソードに共通しているのは――異なるかたちで反復されるいくつかのトラウマ的要素を別にすれば――、ある無機的な物体、すなわち新石器時代の奉納用の斧であり、それがそれぞれの時代のカップルにたいして象徴的な意味をもつことになっている。この斧は多くの機能を果たすことになる。たとえばそれは、まったく同じ一つの「時間」のなかで、連続性と同時発生性をしるしづけるとともに、一種の引き金としても作用しているようにも見える（たとえばそれは、ローリーとメーシーの一致を引き起こす）。

つまり『赤方偏移』があらわしているのはあきらかに、異なる歴史上のエピソードが単純に相次いで継起するという単線的な時間性ではないのである。またそれは、――異なるエピソードのあいだに因果関係による結合を主張することなく、それらをいくつかの類似点が共有されるだけのものとして提示する――たんなる併置をおこなうものでもない。またそこには、時間の経過のなかで「後ろ向き」にも「前向き」にも作用して、現在と未来がたがいに影響を与えあうような因果性という発想もない。この最後の可能性は『赤方偏移』でおこなわれているように見えることにもっとも近いが、この小説が見せる時間の乱雑化は、「過去」や「現在」や「未来」の確たる感覚をいっさい残さないほどに徹底したものなのだ。それはまさに、**もうまったくいまじゃない**（ノット・リアリー・ナウ・エニ・モア）といえるものなのである。だとすれば、いまが存在しないのは、過去が現在を飲みこみ、それを衝動的な反復に還元してしまったからなのだろうか。新しく見えるもの、いまに見えるものは、時間の外にあるパターンを再生しているだけなのだろうか。こうした定式化はおそらく、『赤方偏移』のなかで錯綜している〔と同時に解明されている〕ように見える冷たい運命性にもっとも近いものだろう。だが異なる歴史的瞬間がある意味において同期しているとするなら、いまが存在しないのではなく、**すべてがいまな**のだということにならないだろうか。

『赤方偏移』をガーナーの他の小説や他の作家の作品との関係のなかで考えてみると、まったく別のレベルにあるぞっとする反復が見えてくる。この小説は、一種の起源なき反復なのである。それはガーナーの初期の小説『エリダー』（一九六五年）や『ふくろう模様の皿』（一九六七年）で確立されたモデルを延長し強化したものとして読むことができる。「内的時間」（インナー・タイム）と題された一九七五年の講演のなかでガーナーは、『エリダー』が「チャイルド・ローランドとバード・エレン」のバラッド〔英語圏において口承されてきた物語や寓意を含む歌〕の「表出」であり、『ふくろう模様の皿』がウェールズの神話体系である『マビノギオン』に由来するレイ、ブロダイウェズ、グロヌウについての神話の「表出」であるのと同様、この小説はある特殊な神話の「表出」だと見なすことができるのだと解説している。『赤方偏移』の場合、その源泉にある素材は、タム・リンのバラッドだった。小説が書き継がれていくなかで、ガーナーの小説とそこに「表出される」神話の関係は、より不明瞭なものになっていき、チャールズ・バトラーがその重要な評論「アラン・ガーナーの『赤方偏移』と「タム・リン」のバラッドの偏移」のなかで指摘するように、『赤方偏移』の時点では、多くの読者がタム・リンのバラッドとの繋がりを奇抜で不自然なものと見なして片づけてしまうまでになる。バトラーはタム・リンの神話――あるいは一連の複合的な神話の数々というべきかもしれない――を以下のように要約している。

タム・リンのバラッドには無数のヴァージョンが存在している。『チャイルド・バラッド』〔文献学者フランシス・ジェームズ・チャイルドが収集し出版したイングランド・スコットランドのバラッド集〕だけを見ても九つのヴァージョンが収録されており、それでもあきらかに網羅的なものとはいえない。以下に見るとおりそれぞれのヴァージョン間にある数多くの違いは、どれもひじょうに意味深いものだが、全体に共通するその物語は、およよそ次のように要約できるものである。ジャネット（いくつかのヴァージョンではマーガレット）という若い女が、その場に取り憑く妖精であるタム・リンに、彼女の処女が奪われてしまうことを危惧する両親の禁止を聞かず、カーターホー（あるいはケルトンハ、チャスターの森、チェスターの森など）に出かける。そこで彼女は花を摘み、自分からタム・リンを呼びだしてしまう。タム・リンは彼女がその場にいることに文句をいってくるが、しかし彼女は、カーターホーは自分のものであり、自分も彼がそこにいるのと同じだけの権利をもっているのだと反抗的な態度で答える。しかし家に帰る道の途中、彼女が妊娠していることがあきらかになる。彼女の家族（母であったり、姉妹であったり、兄弟であったり、召使いであったりする）はショックを受ける。彼女はタム・リンが子供の父であると主張して、タム・リンを探すために、あるいは（あるヴァージョンでは）堕胎を促す薬草を見つけるために、カーターホーに戻る。するとタム・リンがあらわれ、自分は妖精ではなく、人間の血を引く若い男であり、子供のころ妖精の女王に拐われたのだと説明する。妖精たちとの暮らしは楽しいものだが、妖精たちは七年ごとのハロウィンに「地獄にたいする十分の一税〔宗教組織の支援のために作物などの十分の一を収める税〕」を払わなくてはならず、今年は彼が犠牲になりそうなのだという。もしジャネットが彼を救おうと望むなら（ひいてはその子供に父親を与えようと望むなら）、妖精の一団とともに通りすぎるタム・リンを馬から引きはなし、その身体が恐ろしい変身を遂げていくあいだずっと彼を抱きしめて（ホールド）、そして最後に、自らの緑のマントでタム・リンの裸体を覆ってやるという、複雑な手続きを踏まなくてはならない。そのすべてを成し遂げられたならジャネットは、妖精の女王からタム・リンを勝ちとり、女王に苦い喪失を味わわせることができるようになる。

バトラーが説得的に論じるとおり、タム・リンのバラッドにたいする多くの言及があるわけではないにもかかわらず、『赤方偏移』のなかには、この神話（の数々）の数多くの複雑な反響が存在している。もっとも明白で――そしてもっとも表面的な――その反映は、幾人かの登場人物の名前――タム〔Tam〕とジャネット〔Janet〕（あるいはマーガレット〔Margaret〕）の関係のヴァリエーションとしての、トム〔Tom〕やトマス〔Thomas〕とジャン〔Jan〕（やマージャリー〔Margery〕）の関係――だが、より深い共鳴は、テーマのレベルに存在している。憑依という発想（これは超自然的な形態を取る代わりに、癲癇の発作や、人格的同一性を無効化するトラウマ的なものとしてあらわれる）や、「持ち堪える＝抱きしめる（ホールディング・オン）」（トマスとメーシーを救いだすマージャリーと女司祭）という発想がそれである。より広くいうなら、トムとジャンは、単線的な時間から神話的時間に投げこまれるのであり、さらにいえば、単線性という幻は神話的時間がもつぞっとする反復と同時発生性によって粉々に砕かれるのだ。本質的にいってこれこそが、神話的な形象であるレイ、ブロダイウェズ、グロヌウの役割を担うなかで、恐ろしくエロティックな闘争のなかに巻きこまれていく『ふくろう模様の皿』における三人の主人公たちに起こっていることだといえる。まるで若くエロティックなエネルギーと無機的な人工遺物（この小説の場合、ふくろうのモチーフで飾られたティー・セット）の結合が、太古の伝説を反復するきっかけを生みだしているかのようである。とはいえこの文脈で、「反復する」という言葉を使うのが正しいかどうかは分からない。ここで神話は、条件さえが整えばいつでも実行可能な一種の構造として理解されているのであり、だとするなら、神話はふたたび具体化されるのだといった方がいいかもしれない。いずれにせよ神話は反復するのではなく、諸個人を単線的な時間から連れ去って、神話の一つ一つの繰り返しが、ある意味ではつねにはじめてのものであるような、それに「固有の」時間へのなかへと向かわせるのだ。ここでいう神話とは、『ストーン・テープ』の科学者たちが陥った、運命的で衝動的なパターンのような何かなのだといえるだろう。

じっさい、『赤方偏移』とともにガーナーは、『ふくろう模様の皿』で語られたことを実演される何かへと変えたのだといえる。ガーナーが圧縮と省略を用い、単線的な時間と語りを強い圧力のもとにおき、事実上それらを消滅させてしまうなかで、読者は神話的な時間へと連れ去られる。そのなかでわれわれは、直線的な時間にたいする知覚や経験が、トラウマによって崩壊したという印象ではなく、——「歴史」が出来事のランダムな連続としてではなく、トラウマの連続的発生として把握されることになるほどに——時間「それ自体」がトラウマ化したのだという印象を抱くことになる。この壊れた時間、悪意ある反復としての歴史の感覚は、三人の主人公(トム/トーマス/メーシー)に発作や神経の衰弱として「経験」される。ここで「経験」と引用符で囲んだのは、三人の登場人物が被ることになる、主観性を無効化する中断は、経験が生じるのを可能にする条件そのものを抹消しているように見えるからだ。だがそうした点を理由として、「じっさい三人の男たちは、それぞれの経験が同時に生じる、単一の超歴史的な人格へと変わっていくのだ」と論じるバトラーは、あまりにも早計にすぎるように思われる。同様にわれわれとしては、ある意味で、三人の男は「同じ」個人であり、欠けているのは、一貫した、あるいは単一的な自己の感覚なのだというかたちで、まったく逆のことを論じることができるはずである。また「同じ」瞬間を共有しているのではなく、メーシーとトムとトマスは、壊れた時間のなかに——つまり同じであることや統一や現前が減算された時間のなかに——存在しているのだということもできるだろう。

だとするなら、ニール同様ガーナーの作品は、行為主体性(エージェンシー)と意図をめぐる問いを終わりなく考え抜いているのだといえる。自由意志は失われているか、少なくとも根本的に弱められている。人間の自由は、「自由意志」とはまったく異なっている。むしろ何よりもまずそれは、(無意識的、神話的な)構造に属している行為主体性(エージェンシー)を考慮する場合にのみ主張されうるものなのだ。そうした構造は、人々を自らのもとに連れ去り、そうして連れ去ってきた人々から力を引きだしていく。風景――『赤方偏移』を含む数多くの彼の小説に登場するチェシャー州の風景や、『ふくろう模様の皿』に描かれるウェールズ北部の風景――は、そうした神話的構造の決定的な要素だといえる。みずからのフィクションをとおし、何度も繰りかえしてガーナーは、風景のもつぞっとする力を示し、物理的な空間が知覚を条件づけていることを、そして特定の土地がトラウマ的な出来事に染まっていることを思いださせる。ガーナーが理解しているところによるなら神話的なものとは、たんにフィクション的であるにすぎないものを超えた何かであり、心象的なものには還元できない何かである。むしろ神話的なものとは、人間の生をそのようなかたちで可能にする潜性的なインフラの一部なのだ。人間がはじめに存在し、生物学的な核に文化的な殻が後づけされるようなかたちで、神話的なものがあとからそこにやってくるのではない。人間とはそもそものはじめから――あるいはそのはじめの**以前**から、つまり個体としての誕生の以前から――、神話的な構造のなかに巻きこまれているものなのだ。ルイ・アルチュセールは人間がたんなる生物学的生き物ではありえないことを強調しながら、イデオロギーという潜性的な文化的インフラに言及し、その外部で生きることは不可能なのだと論じる。しかしわれわれは同様に、ジャスティン・バートンが用いている帯域に偏移し、夢見ることや物語について語ることができるはずだ。ガーナーの小説は、夢見ることと物語の力——つまりぞっとする力——についての複雑な考察によって、素朴なリアリズムと幻想（ファンタジー）がそれぞれにもっている限界をどちらも超えていくのである。

外のものを内へ、内のものを外へ
――マーガレット・アトウッドとジョナサン・グレイザー

木箱に入れられ鋸で真っ二つにされた水着姿の女が微笑んで出てくる、あれは鏡を使ったトリックだ、そういうのを漫画本で読んだ。私の場合にかぎって、何かの手違いで半分に切れて出てきたのだ。箱に閉じこめられたままのもう半分だけが生きることのできるものだった。いまの私はだめな方、切り離された臨終期の半分。頭しかない。いや、もっとつまらないもの、ちょん切られた親指か。感覚がない。

喜びと苦しみは背中合わせだというけど、脳の大部分は中立で、脂肪と同じく神経がない。私はいろんな感情を名を挙げながら復唱してみた。嬉しさ、平安、罪悪感、安堵、愛、憎しみ、相手への反応、心の繋がり。何を感じるかは何を着るかと同じようなもので、他の人を観察して、それを覚えこんで済ませてきた。でもたった一つ、たしかにあった感情は、私は生きていないという不安だった。マイナス記号。一本のピンの影と、それを腕に刺したらどう感じるかの差。学校で机にしばりつけられていたころ、私はよくやったものだ、ペンやコンパス、英語と幾何の知識の道具を使って。学者の発見によると、ネズミはどんな刺激だろうと何もないよりは好むという。私の腕の内側は、麻薬中毒者みたいに刺し傷だらけだった。病院で静脈に針を刺されたときは、ずっと落ちていく感じだった。ダイビングのように、闇の層からもっと濃い闇の層へ果てしなく沈んでいく。麻酔から醒めると一面の薄緑、それから昼の光が見えたが、何一つ思いだせなかった。

私はいたたまれないとは感じていなかった。何につけ、あまり感じない、そういえば随分久しくそうだった。もしかすると赤ん坊のときからずっとかもしれない。生まれながらに耳が聴こえない、あるいは無感覚な子ども。でもそうなら、無感情という自覚もないだろう。どこかの時点で、きっと私の首と頭と身体の通路を閉じてしまったのだ。池が凍るようにして、傷口が塞がるようにして、私の頭のなかだけに閉じこめてしまったに違いない。

——マーガレット・アトウッド『浮かびあがる』

マーガレット・アトウッドの一九七二年の小説『浮かびあがる』とジョナサン・グレイザーの二〇一三年の映画『アンダー・ザ・スキン』は、ぞっとするものの現代的な例を示している。『浮かびあがる』においてわれわれは、曖昧な「内部」の場所から外部の場所へと向かうことになるが、一方で『アンダー・ザ・スキン』においては、内部は外部から理解される。ラカンが象徴界（＊31）と呼んだもの（文化的な意味が割り当てられ、ラカンによれば、父の名によって確たるものにされる構造）にたいする二人の主人公の問題をはらんだ関係は、両者がともに名前をもたないという事実によって強調されている。『浮かびあがる』の語り手は、自分が一人の女性の役割を務め、演じているエイリアンなのではないかと感じるようになるが、『アンダー・ザ・スキン』の主人公は、じっさいにエイリアンであり、人間の行動を真似しようとしている。

『浮かびあがる』は、行方不明になった父親の謎をめぐって展開される。語り手はカナダの荒野に消えた父を探すため、ケベックにある彼女の幼少期の家に帰っている。**何が起きたのか**という問いがこの小説を覆い、この謎にたいする解決の最終的な不在は、――父親がまったく見つからないだけではなく、語り手自身も迷い、艫綱（ともづな）を解かれ、座標軸のないまま動いていくことになる――ぞっとする雰囲気がけっして消え去らないことを意味する。ガー

＊31　象徴界（the Symbolic / le symbolique）
世界をとらえるためのラカンの思考モデル。想像界／象徴界／現実界の三つで一セット。「象徴界」は言語によって把握される第二の世界を指すが、いわゆる社会的な関係性もそこに含められる（享楽を奪う父＝社会的なもの）。ここでのフィッシャーの用法もそのニュアンスだろう。なお、「象徴界」以前にイメージによって知覚される第一の世界が「想像界」で、この二つによってわれわれはものごとを認識しているが、そのいずれにも属さず、通常われわれには到達不可能な第三の領域が「現実界」と呼ばれる。

ナー同様、『浮かびあがる』のなかでは、土地——今回は内戦や残虐行為や闘争によって過剰に規定された途方もない歴史をもつイギリスの田舎ではなく、何かしらの気配や脅威とともにあり、開放性や人を脅かすような空疎さとともにあるカナダの叢林という無人の空間——がもっている力にたいする感度が問題になる。『浮かびあがる』に取り憑いているのは、歴史のスペクタクルではなく、人間それ自体の外部ないしその外縁にある空間なのだ。われわれに理解できるかぎりで父親は、荒野がもつ、そこにいる動物やそれにまつわる伝承がもつ致命的な魅惑の餌食になってしまったように見える。語り手は父が暮らした小屋に入る。すると彼女は、彼が人間にも動物にも見える異様な生き物の絵で紙を埋め尽くしていたのを知る。狂気のしるしなのだろうか。それとも現代的な文明と見なされているものの外へと向かう、シャーマン的な旅のための準備なのだろうか。あるいは、——当時の反精神医学的な修辞でいわれていただろうことを踏まえていうなら——じっさいのところこれら二つのあいだに違いなど存在しているのだろうか。文明にたいする真の拒絶は、精神分裂症への接近を——つまり主観性や思考や感覚の支配的の形式とは約通不能な外部への偏移を——ともなうのではないだろうか。

いくつかの点で『浮かびあがる』は、六〇年代の戦闘的な多幸感のあとの苦い目覚めを記録したものとして読むことができる。アトウッドによる周知の冷たい散文は、六〇年代の熱くなった股間を凍りつかせ、なかば無人のカナダの叢林から、文学史上のどれにも劣らず魅惑的で、しかも近寄りがたい新たな風景を描きだす。この作品にたいする保守的な読解は、たとえば次のようなものだろう――ここで浮かびあがっているのは、六〇年代の自由放任さが払いのけたと考えていた諸関係である。抑圧されたもの――ここでは反復それ自体の行為主体性（エージェンシー）を意味している――は、名前のない語り手の中絶された胎児という、幽霊のようなかたちをとって戻ってくる。語り手は、排泄物やクラゲのような胎児の断片が――つまり象徴界の下水のなかで混ざりあった棄却されたものと中絶されたものが――浮かんでいる暗い湖のような空間でそれと出会う。こうした失われた対象の再統合は、何らかの「全体性」を「取り戻す」ことを可能にするものではまったくなく、語り手の無意識が巧みに構築していた遮蔽記憶や幻想からなる脆いコラージュを破壊し、結果として彼女は、不快感という硬直した均衡状態から、そのまま精神病へと投げだされていくことになる――保守的な読解によれば以上のような展開は、彼女の放埓さにたいする相応の罰を構成することになるだろう。

以上のような保守的な読解に抗うには多くのことが必要になり、そしてその任務においては、ぞっとするものという概念が役に立つ。アトウッドの語り手はだんだんと、自分には居場所がないことに気づいていく。彼女には「通常の」主観性を構成しているはずの感覚能力が欠けている。彼女は自分自身の外にいる。彼女は自分自身にとって謎であり、支配的な構造のなかに空いた一種の反省的な穴であり、つまりはぞっとする謎である。したがって重要なのは、この謎をあまりにも性急に解決してしまうことではなく、それが投げかけてくる問いの数々にたいして忠実であることだ。

語り手はカウンターカルチャーを見せかけにすぎないものとして、おなじみの男性特権を正当化するものとして機能するだけではなく、搾取と服従にたいして新たな理由づけをもたらすものとして経験している。支配的な構造を転覆しそれに取って代わろうというカウンターカルチャーの夢は、一九七二年の時点ですでに、中身のない身ぶりへ、硬直したレトリックへと転がり落ちていた。『浮かびあがる』が使い尽くされたカウンターカルチャーの安易な身ぶりを拒絶しているとすれば、(一見して)安全で安定した世界を受けいれたとしても何の不思議もないことだといえる。だがアトウッドの語り手は、ノスタルジックな熱望というにはいくらか足りないが、いずれにせよ物欲しそうな様子を強く漂わせながらも、有機的に団結したものであるはずのその世界――語り手が想像するところによれば、誰もが自宅の裏庭に咲く花のように子供を育てる、彼女の父の世界――は、もはや失われてしまったのだと指摘する。『浮かびあがる』が提起し、そしてそのまま未解決にしておく問いとは、――象徴界/文明につつがなく再統合することや、象徴界を超えて前言語的な〈自然〉へと向かう浄化の旅のようなものによって――自らの不満を癒すことを要求する病理として扱う

*32 リュス・イリガライ (Luce Irigaray) ベルギー出身のフランスの哲学者(一九三〇〜)。フロイトの精神分析における男性中心主義を批判した博士論文『顕膣鏡――別の女について (Spéculum, de l'autre femme)』(一九七四) でデビュー。男女平等主義とは異なり性的差異を認める立場をとり、むしろ差異を認めあったうえで女の文化を築く必要性を説く。訳書に『ひとつではない女の性』(棚沢直子+中嶋公子+小野ゆり子訳、勁草書房、一九八七年、原著一九七七年) など。

のではなく、いかにしてそれを**動員**するかというものである。換言すれば、それを治療するのではなく、語り手の情動的な失読症に忠実なままでいることは、いったいどうすれば可能になるのか。

いくつかの点で『浮かびあがる』は、リュス・イリガライ（＊32）の『頭腔鏡——別の女について』や、ジル・ドゥルーズとフェリックス・ガタリによる『アンチ・オイディプス』と同じ局面に属している。これらの作品は、不足感やおぞましさや精神の病理を不適応の症候としてではなく、いまのところまだ想像されていない外部の痕跡として扱うという難局に立ちむかおうと試みている。分裂症的な崩壊‐断絶の瞬間に語り手が見る光景は、ドゥルーズとガタリが『千のプラトー』のなかで描くだろう「非有機的生命」や「動物への生成変化」によく似たものである。「彼らは私が死で満たされ、喪に服しているべきだと考えている。しかし、何も死んでいない、すべてが生きている、すべてが生きたものになるのを待っている」。だがこの熱病のような譫妄状態は、ドゥルーズよりもむしろ、ベン・ウッダード（＊33）が「暗黒生気論〔dark vitalism〕」と名づけたものと一致するものであり、動物や水への生成変化といった器官なき身体の区域を流れ、そこに蔓延しているものは、ウッダードのいう不吉な「生命の蠕動〔creep of life〕」のようなものだといえる。「息づかいが聞こえる、抑制された注意深い息、家のなかではなく、そのまわり一面に」。象徴界という苦行を超え

＊33　ベン・ウッダード（Ben Woodard）イギリスの哲学者。ポスト構造主義や思弁的実在論の議論を踏まえたうえで、ホラー映画、ヴィデオ・ゲーム、ラヴクラフトなどについて論じている。ここでフィッシャーが説明しているように「暗黒生気論（Dark Vitalism）」を提唱、腐敗や菌類などに可能性を見出す。フィッシャーの設立したゼロ・ブックスから著書『スライム・ダイナミクス』（*Slime Dynamics: Generation, Mutation, and the Creep of Life*, Zero Books, 2012）を刊行。

た先にある場所は、猥雑で非言語的な「生」の空間であるだけではなく、文明から追いだされたあとに、すべての死せるものや死者が向かっていく場所でもある。「ここは私が死んだものを捨てた場所……」。象徴界という生ける屍(リビング・デッド)を超えた先には、死者の王国があるのだ。「それは私の下にあり、生命のない最も遠いレベルから私の方に漂ってきて、暗い楕円形で四肢を引きずっていた。それはぼんやりしていたが、目があり、開いていた。それは私が知っているもので、死んだもの、それは死んでいた」。

『浮かびあがる』は六〇年代の終わりから七〇年初頭にあった別の局面の一部として、すなわち、ポスト・サイケデリック的な大洋として位置づけることができるものだ。血と体液で粘ついたアトウッドの湖には、マイルス・デイヴィスが一九六九年にそのなかへ飛びこみ、緊張症(カタトニー)を患いながら六年経ってようやくそこから出てくることになる『ビッチェズ・ブリュー』と共通する何かがある。それはジョン・マーティン(*34)が『ソリッド・エア』や『ワン・ワールド』で響かせる深海的な領域に近づいていく。

薄緑色、それからは暗さの増す層を次々と、前より深く、水底へ。水が濃く重くなったようで、そのなかで針の穴ほどの光が瞬き、かすめ飛ぶ。赤、青、黄色、白。魚だ、

*34　ジョン・マーティン(John Martyn)　フェアポート・コンヴェンションやニック・ドレイクらと並んで、六〇年代末から一九七〇年代にかけて脚光を浴びたイギリスのフォーク歌手。ジョン・ライドンをはじめ多くのミュージシャンから尊敬されている。一九七三年の『Solid Air』は出世作で、七七年の『One World』はダブとエレクトロニクスを導入した野心作。二〇〇九年没。

深い谷間に棲むものたち、鰭には燐光のすじ、歯はネオンのよう。こんなに深く潜れたなんて素晴らしい……

だがこうした溶解した同一性からなる空間は、苦しめられたり宥めすかされたりして象徴界からようやく一時的に解放された男という角度からではなく、はじめから一度も完全には象徴界に統合されていなかった誰かの観点から接近されている。

アトウッドの後年の作品である『オリクスとクレイク』同様『浮かびあがる』は、七〇年代初期のラディカルな理論が格闘し評価しなければならなかったテクストである――フロイトの「文化への不満」を書きなおしたような作品である。まさに『オリクスとクレイク』の結末と同じように『浮かびあがる』は、宙吊り（サスペンション）の地点で閉じられ、語り手は『オリクス』の語り手であるスノーマン同様、象徴界を超えた精神分裂症的な空間といくらかの文明への回帰のあいだで平衡を保ったままでいる。『浮かびあがる』のもっとも先見的な点はおそらく、文明／ビッグ・ブラザー／言語は、けっきょくのところリビドーや狂気や神秘主義だけでは乗り越えられないのだと認めたことにある。だがにもかかわらず『浮かびあがる』は、現実原則を黙認することを勧めているわけではない。「私たちには言葉の仲介が不可欠なのだ」と語り手は結論づける——だがこの「私たち」とは、いったい誰のことなのだろうか。一見したところそれは、語り手と、彼女が和解しようとしているはずの恋人だけを含むものであるように見える。この場合われわれは、ここでいわれる「私たち」とは人間一般のことだと解釈したくなるが、そうなるとこの小説は、文明とそれに不満をもつ者たちのあいだの相当に安直な和解によって終わることになってしまう。だがこの「私たち」は、この小説の語り手のような、厳密には人間にはまったく属していない者たちを指しているのだと考えた方が面白い。それら不満を抱えた者たちは、いったいどんな言語を、どんな文明を生みだすのだろうか。

『アンダー・ザ・スキン』は同様の領域のいくつかを、しかし異なる方向から精査している。この映画は、当てにならない典拠からいかにしてぞっとするものを生みだすかについてのケーススタディといえるかもしれない。その典拠となる素材であるミシェル・フェイバーの小説は、それ自体として十分に印象的なものではあるが、しかしそれほどぞっとする負荷をもっているわけではない。というよりもその小説の展開は、だんだんとぞっとするものの痕跡を消去していくものであり、最後にはすべて消し去ってしまうものなのだ。この小説はすぐに、肉食や食肉産業にたいする文学的でＳＦ的なフィクションによる風刺だと理解できるものになっていく。人間がエイリアンの食肉商人の餌食になるなかで、肉食にかんする人間の倫理のなかにある一貫性のなさが暴露され、嘲笑されていくことになるわけだ。それは喋る動物が登場する一つの寓話になっている（とはいえもちろん、そのなかでおこなわれる風刺上・寓話上の反転においては、エイリアンから見れば「喋る動物」なのは人間の方であり、無理矢理に捕まえられるさいに舌を引き抜かれなくてはならないのは、彼ら人間の方なのだという点こそが重要になるのだが）。

だが映画は、そうしたものとはまったく異なる何かになっている。事実上それは、――たった一人でスコットランドのAロードを運転する若い女が、あるいは若い女に見える何かが、男たちに忍び寄る（ストーク）という――小説の前半部をさらに展開させたものである。小説のなかではその「若い女」が、イサリーという、外科手術によって姿を変えた地球外生命体であり、惑星間で活動する高級食肉業者に雇われた存在であることがすぐにあきらかになる。彼女が車に誘いこみ、動けなくさせる男たちは、高級肉（プライム・カット）に見えるからという理由で標的になっていく。

映画はこうした情報をいっさい否定する（というより、この映画がそうした物語上の責任を守っているかどうかはまったく分からないのだ。メインの登場人物がイサリーと呼ばれることも、彼女が食肉業者のために働いていることも、われわれにはまったく教えられないのである）。ごく大まかにいうならたしかに、ぞっとする感覚を生みだすためのもっとも手っ取り早い方法は、そうしたかたちで情報を制限することだということもできるだろう。しかし先に述べたとおり、どんな謎でもぞっとするものになるわけではない。そこにはかならず他なるものの感覚がなくてはならないのであり、そしてこの他なるものの感覚こそ、グレイザーが起源にあるフェイバーの素材に付け足しているものである。いうまでもなくこうした付加には興味深い質が備わっている。なぜなら、じっさいのところここで付け足されているのは、観る者の知識のなかに開かれる穴だからだ。フェイバーの小説は、地球外生命体がもつエイリアン性を抹消し、彼らとわれわれのあいだに等価性を生みだしていく傾向にある。皮膚の下(アンダー・ザ・スキン)では、われわれは同じものなのだというわけだ(フェイバーのエイリアンが「人間」を自称することは、この傾向を強化している)。対照的に映画は、エイリアンとホモ・サピエンスの違いを強調するだけでなく、人間の文化から何気ない親しみを剥奪し、当然だと思われていることを未規定かつ外的な視点から見せていくことになる。

ぞっとする感覚の発生という点で、この映画は小説よりも優位な位置にある。なぜならそこでは、(スカーレット・ヨハンソン演じる)メインの登場人物に内面的な生を与えることが求められていないからだ。これは彼女の内面がどのような性質のものであるかだけでなく、そもそも彼女が、理解可能な意味での「内面的な生」なるものをもっているのかという問いそのものが開かれたままであることを意味している。ヨハンソン演じる登場人物は、外側からしか見られない（これはちょうど、彼女の不可解な行動や動機、「通常の」感情的反応の欠如が、それをとおして彼女が捕食者として動いているものである、社会的な世界にたいする外部からの視点をもたらすのと逆になっている）。彼女の会話は素っ気なく、機能本位なものである。このことはおそらく、言語とアクセントにかんする彼女の能力によって制限が生じている結果だといえるはずだ（映画の冒頭で彼女は、一連の言葉をイギリスなまりで発音することを学んでいる）。いずれにせよ、彼女は男たちを車に連れこむのに必要な分だけしか喋らない。そして――このこと自体が男のセクシュアリティにたいするさりげなく辛辣な注釈となっているのだが――、そうしたことをおこなうには、通常それほど話をする必要がない。彼女は自分自身にたいする最小限の説明しか求められることがない上に、彼女がいうことのほとんどは、けっきょくのところ人を欺くためのものなのである。それがどのようなものであれ、彼女が感情に声を与えることはない。他のエイリアンと連絡を取るさい、会話が交わされることはない。彼女たちはいったい、自分たちに固有の言語をもっているのだろうか。それとも彼女たちにとって言語とは、そもそも人間を騙すために身につけたものにすぎないのだろうか。われわれが抱いていると考えている感情と同じものを、彼女たちももっているのだろうか。それらの生物が何であり、彼女たちは何を望んでいるのかどうかについて――さらにいえば、彼女たちを駆り立てているのははたして「欲望」と解釈できるものなのかどうかについて――、映画は実質的に何も教えてはくれない。

おそらくグレイザーが付加したなかでもっとも重要なのは、人間の獲物たちが捕獲されていくシーンだろう。小説での捕獲のシーンは、男たちが座席で薬を飲まされるというシンプルなものである。だが映画での捕獲のシーンは、不確定で中間的な領域のなかで、なかば抽象的な空間のなかで生じる。男たちはそのなかで、ヨハンソン演じる半裸の登場人物に近づくにつれ、飽和した黒い沼のなかにゆっくりと吸いこまれていくことになる。冷酷な夢幻性と暗黒のサイケデリックさをもったこれらのシーンは、なかば死んだような状態に陥っていくなかで陶酔した男たちの精神状態をあらわすものなのだろうか。あるいはそれは、じっさいに存在する空間で、黒い沼はエイリアンのテクノロジーの一例なのかもしれない。もしくは、ある注釈者が示唆しているとおりそれは、エイリアンにとってのセックスの感覚なのかもしれない。この映画は何の答えも与えてくれず、つづくシーンでもただ悪夢のような不透明性ばかりが増していく。捕獲された男たちのいくらかは、いまや完全に沼のなかに浸かり、ほとんど意識はなく、肥大化している（おそらくこれは、小説において餌食になった人間が肥育されていることを参照したものだろう）。哀れにも彼らが互いに手を伸ばしあうと、その身体の一つが恐るべき吸収と放水の動きに晒されることになる。そして画面が切り替わり、まるで身体が液状化してしまったかのように、血液が迸るように見えるイメージがつづく。これは小説のなかで描かれている、食肉加工をめぐるなかば抽象的なイメージなのかもしれないし、エネルギー伝達にかんする別の（ほとんど想像できないような）様態を示唆するものかもしれない。

多くのぞっとする省略を含むこれらの断片は、地球外生命体を――仮に彼女たちをそう呼べるとしてだが――、われわれがこれまで映画のなかで見てきたどんなものよりも異邦的(エイリアン)なものにしている。だがヨハンソン演じる登場人物がバンを乗りまわし、ひとけのない脇道やクラブのなかで男たちをナンパするシーンや、グラスゴーの混みあった通りで潜在的な犠牲者に狙いを定めるシーンは、反転したぞっとする効果のようなものを生みだしている。ここでは、同時代の資本主義的な文化がよそよそしいものと化し、外部の存在の目をとおして見られているのだ。ヨハンソン演じる登場人物の発声の平板さは、『浮かびあがる』の語り手が――無感覚的で超然とした――自身の内的な状態を描くようにして、外側から彼女を見るように仕向ける。だが、そんなふうに無感覚に見えるものはもちろん、まったく異なる情動的なふるまいなのかもしれない。あるいはそれは、われわれが感情として理解しているものにたいする能力を備えていないようなタイプの存在を示唆するものかもしれない。あるいはけっきょくのところ、そうした種類の生物は、人間よりも昆虫と共通するところが多いということなのかもしれない。

ヨハンソンの平坦さと、この映画の大半がそれをもとに撮られている自然主義的な形式のあいだには、一種の相性のよさが存在している。この映画は——観客が同一化する地点としての——彼女の姿をとおして焦点化されているが、しかしそこには、われわれが同一化できるものがほとんど存在していないため、彼女はカメラそれ自体の類似物のようなものとして機能することになるのだ。通行人や俳優以外の人物との即興のシーンにおいてはとくにだが、われわれは、自分たちが普段それらに与えている連想や、メインストリームの映画のなかで普通は仲裁に入ってくる媒介の形式なしに、人間の行動や相互作用や文化を経験するように誘われる。標準的かつ総称的な、物語や感情にかかわる習慣的態度の大半がシーンから取り払われているため、カメラによって異邦の人類学者のまなざしがシミュレートされるなかで、自然主義が脱自然化をおこなうものになっているのだ。

映画が進むなかで、ヨハンソンの演じる登場人物は捕食者であることから変化していき、だんだんと傷つきやすい存在に変わっていく。このことは偶然ではなく、人間の情動や関係を理解しようとする試みだと思われるものにかかわっていくなかで、彼女が人間の文化に巻きこまれていくことに対応している。不穏なセックスのシーンにおいて彼女は、あくまで受け身で、見たところ何が起きているのかを理解していないような様子で男性のパートナーに身を委ね、そのあとには、あたかもひどく傷つけられでもしたかのように、懐中電灯で自分の身体を調べている。人間のセックスはよそよそしいものになり、パニックに陥ったエイリアンの注意の対象になっている。このシーンがもつ人を狼狽させるような質は、――小説とのもう一つの対比となる箇所として――エイリアンが用いている人間の身体が一種の人工器官であることが判明するとき、遡行的に高められていく。緊張感のあるクライマックスのシーンで、通行人が彼女をレイプしようとするとき、われわれははじめてそのことを知ることになる。男が彼女を襲うと、器官の一部が外れ、彼女の背中にはドレスの破れのように大きく口を開けた穴が残されることになるのだ。エイリアンは破壊された人間の器官をわきに放り投げるが、するとその残骸から別の人物――決定的な特徴の多くを欠いた、なめらかで黒い人間のようなかたちをした何か――があらわれてくる。われわれはこのとき、露出したエイリアンの身体が、スカーレット・ヨハンソンの顔をゴム製のマスクでもあるかのように眺めるのを見る。これはヨハンソンが鏡を使い――奇妙な冷静さをもって、しかし同時にじっくりと味わうようにして――自らの裸体を観察する重要なシーンの反響になっている。先立つ鏡のシーンはこのとき、われわれが鏡を覗きこむさいに生じる「通常の」自己対象化を倍加しているものであることがあきらかになる。エイリアンは自分自身を見ているのではなく、自分が身にまとっている人間の身体を見ているのだ。

だがエイリアンの主体と、対象としての人間の身体のあいだにあるこうした断絶は、「通常の」人間の主観性の根底にある幻想的な構造を前景化しているにすぎないものである。そうしたほとんど特徴のない何かが、自らの人間のかたちを捨て去るというクライマックスのイメージは、身体にたいする主体の関係にかんするある種の持続的な幻想に対応している。この幻想はデカルトによって、実体二元論として知られる哲学的教義（精神と身体は根本的に異なる種類のものなのだという考え）へとコード化された。だがラカンによるなら、デカルトの誤謬はたんなる哲学的な誤り以上のものであることになる。というのも、ある種の二元論はそもそも、言語の構造のなかに、とくに主体の言語の構造のなかに埋め込まれているものだからだ。**話す私**と**話される私**は、構造的に異なっている。**話す私**が肯定的な属性をもたないものであり、それ自体として話す位置のようなものであるのにたいして、規定的な諸特徴（身長、年齢、体重など）は、**話される私**にのみ帰属させられる。したがって、先に見た『アンダー・ザ・スキン』の最後のシーンにおける特徴のない人物は、そうした主体としての魂を、つまりそうした**話す私**を身体化したようなものだといえる。それは肯定的な身体的属性を欠きながらも、何らかのかたちで身体の「内部」に住んでいるが、しかし最終的にはそうした住居としての身体から分離可能なものなのである。したがってこの映画の究極的な貢献は、われわれにたいして、自分たちがおこなっている主体と客体、精神と身体にかんする不安定な説明に本質的に備わったぞっとする感覚を思いださせることにこそあるのだといえる。

身体と精神の関係がもつぞっとする性質は、先行する章で論じたM・R・ジェイムズの「笛吹かば現れん」を、二〇一〇年にBBCでアンディ・ド・エモニーが映画化したヴァージョンでも主題になっている。物語を根本的に刷新したこのヴァージョンのなかでは、パーキンは認知症が自分の妻を緊張症という殻のなかに閉じこめてしまったことに悩まされている。「人格が存在しなくなったあとも残りつづける身体、それはどんな亡霊や悪霊より恐ろしい」。このヴァージョンのなかのパーキンは、「私たちのなかには何も存在していない」と痛烈に宣言する。「この機械のなかに幽霊はいない。人間は物質だ、そして物質は腐っていく」。だがパーキン自身によるこの発言こそが、機械のなかに幽霊が存在していることを、ある種の幽霊性が話す主体に本来的に備わっていることを立証している。内部などないのだということを、人間とは腐りゆく物質なのだということを語りうるのは、けっきょくのところいったい**誰**なのだろうか。それはおそらく実体的な主体ではない。だが話す主体ではある。つまりそれは、生命をもたず具体的な身体ももたない言語というものによって編成された主体だといえる。主体は、自らの無効性を表明する行為そのもののなかで行為遂行的な矛盾にかかわっているのではなく、主観性そのものの結果である取り除きえない二元論を指し示しているのだ。パーキンのような唯物論者の条件（換言すれば**われわれ**の条件）は、あらゆる主観性は物質に還元されうること、主観性が身体の死のあとも残ることはないことを知っているにもかかわらず、自分自身をたんなる物質として経験できないことからなっている。ひとたび身体が経験の前提条件でありその基層だと認められると、経験とその基層は分離されうるものであることになり、結果として人はただちに、そうした現象学的な二元論を受けいれることを強いられることになる。機械のなかには幽霊が存在するが（＊35）、われわれこそが幽霊であり、幽霊こそがわれわれなのだ。

＊35　機械のなかの幽霊
アーサー・ケストラー『機械の中の幽霊』（日高敏隆＋長野敬訳、ちくま学芸文庫、一九九五年、原著一九六七年）を踏まえていると思われる。

エイリアンの痕跡
――スタンリー・キューブリック、アンドレイ・タルコフスキー、クリストファー・ノーラン

以上のように、『アンダー・ザ・スキン』はわれわれに、エイリアンとのぞっとする出会いの一つのあり方を――すなわちわれわれのなかにいるエイリアンというあり方を――提示している（ニコラス・ローグの『地球に落ちて来た男』（一九七六年）はこうした出会いの別の解釈であり、同作においてデヴィッド・ボウイが演じるニュートンは、ホームシックのすえ地球を脱出するという点で、より不透明で読みとりがたい『アンダー・ザ・スキン』の地球外生命体には不在だったロマンチックな悲哀を滲ませているとはいえ、ヨハンソンのエイリアンの先駆のようなものだといえる）。先に『クウェイターマス』の最終シリーズを論じたさい私は、エイリアンがもたらすぞっとするものの別のヴァージョンについて触れた。そうしたヴァージョンにおいて、エイリアンは直接的には出会われない。その身体的形態や存在論的・形而上学的特徴は、けっしてあきらかにはならず、エイリアンはそれが生みだす効果や痕跡によってのみ知覚される。われわれ

は以下で、こうした種類のエイリアンとの出会いをそれ自体として検討してみなくてはならない。

宇宙について考えることがすぐにぞっとする感覚を生みだすのは、それについて考えることが行為主体性（エージェンシー）について問いを提起せずにおかないからである。そこには何者かが存在しているのか——もし何らかの行為主体（エージェント）が存在するのだとしたら、それはいったいどんな性質をもっているのか。このように考えるなら、大半のSFのなかにぞっとするものが失望するほど存在していないのは、驚くべきことだといえる。

スタンリー・キューブリックの『2001年宇宙の旅』はおそらく、こうした傾向に逆らい、エイリアンを表に出そうとする実証主義的な圧力に抗った、もっとも有名な例だといえるだろう。エイリアン的な行為主体性（エージェンシー）という謎は、この映画のトーテムであり、ぞっとする対象にかんする範列的な事例のようなものであるモノリスによって提起されている（映画全体をとおして、ぞっとする感覚は、モノリスとリゲティ・ジェルジュによる音楽との、それが生みだす畏怖と他なるものの感覚との結びつきによって強化されている）。モノリスがもつ「非自然的」な質——その垂直性、平坦さ、不透明な光沢——は、それは何者かがもつ高次の知性によって生みだされたものに違いないという推測を強いてくる。こうした論理は、自然界の多くの側面に見られる機能性や合目的性や体系性を踏まえるなら、超自然的な設計者（デザイナー）の存在を仮定せざるをえないと主張する、〔神の存在証明における〕いわゆるデザイン論証の世俗版に似ている。だがキューブリックによるこうした主題の扱いに神学的な痕跡はほぼ存在せず、どんな存在がモノリスを生みだしたのかを肯定的に記述するような試みも存在していない。人類の歴史に干渉した知性の性質や、そうした干渉の目的は、あきらかにされないままである。この映画は、それをもとに思弁が可能になるような資料をごく最小限しか残していない。モノリスそれ自体に加えてこの映画には、——その凡庸さそのものによって人を狼狽させるような——ホテルのような部屋のシミュレーションが登場し、映画の結末において宇宙飛行士のデヴィッド・ボーマンは、この部屋のなかで、両義的な思いを抱いたまま、スターチャイルドと呼ばれるものへと変化するための準備をおこなうことになる。このホテルのような部屋の存在は、何らかの知性がボーマンにくつろいで過ごすことを望んでいるのだということを示唆しているようにも取れるが、しかしたとえそうだとしても、その最終的な動機は曖昧なままである。そうした居住空間を構築した動機は、慣れ親しんだものから遠く離れた人間という生物への配慮なのだろうか。それともこの不可解な知性は、実験としてそれを観察するには、そうした空間がよりよいのだと計算しただけなのだろうか。

(宇宙船ディスカバリー・ワンの整備をおこなう感覚をもったコンピューターであるHALのシーンは、行為主体性(エージェンシー)をめぐる問いをより小さなスケールで提起している。HALは器官——すなわち赤いライトのセンサー――をもち、異常なほど穏やかな声をもっているが、しかし身体はもっていない。そこにはたしかに行為主体性（エージェンシー）があるのだが、この行為主体性（エージェンシー）の性質と射程は――HALはいったい何に駆り立てられてディスカバリーの乗組員たちに反抗するのか――、映画のこの場面における決定的な謎になっている。ボーマンがゆっくりと、しかし無慈悲にHALを解体していき、HALが音を立てて精神的に衰えだしていくシーンによってわれわれは、意識と意識を可能にしている物質的なハードウェアのぞっとする断絶に直面させられることになる）

映画におけるぞっとするものにたいするキューブリックの別の重要な貢献として、もう一つの「メタジャンル的」な介入である『シャイニング』が挙げられる。この作品のジャンルはホラーないし幽霊譚であり、したがってわれわれは、そこに登場する不可解な存在はエイリアンではなく幽霊なのだと理解する（じっさいのところそれがある種のエイリアン的な知性である可能性は十分にあるにもかかわらず）。こうしたSFからホラーへの移行のなかには暗黙のうちに、映画のなかで働いているぞっとする力は慈悲深いものであり、少なくとも中立的なものであるという――『2001年』から推断されるだろう――連想から、出来事を司っている存在は悪しきものなのだという仮説への移行が含まれている。だが「『ツァラトゥストラ』における」ニーチェの鷲と子羊の寓話が思いださせるように、いうまでもなく悪意と善意は、特定の存在の利害や視点に左右されるものである。ニーチェいわく、子羊にとって鷲は悪であり、子羊はこの猛禽類が彼らを憎んでいると考えている。しかしじっさいには、羊にたいする彼らの態度は愛情に、あるいは愛にさえ近い。というのも羊はとても美味いのだから。ニーチェが喜劇的な様態で表現したものを『シャイニング』は、その小説版同様、未解決なままのぞっとする謎として提示しているのである。

『シャイニング』におけるオーヴァールック・ホテルは、『ザ・ストーン・テープ』に登場する部屋が巨大化したヴァージョンであり、一種の記録（レコーディング）システムである。そこでは、建物のなかで生じた暴力や残虐行為や悲惨さが蓄積され、テレパシーによって「照らす〔shine〕」能力をもった者という鋭敏な精神装置によって、それらがふたたび再生（プレイ・バック）されることになるのだ。ジャックはしだいに——妻のウェンディや息子のダニーと共有している——現在から、さまざまな歴史的瞬間が融合し圧縮されたアイオーン的な時間に引きこまれていく（この分裂的で同時発生的な時間はおそらくどこかで、ガーナーの『赤方偏移』においてトムが身を置いている時間に似たものかもしれない）。だがジャックを誘惑したかと思えば脅迫してくる幻影たちは、彼自身と同じような人間であり、オーヴァールック・ホテルの致命的な影響のなかに引きこまれて途方に暮れる個人なのだということが示唆される。あきらかになっていないのは、このホテルをじっさいに支配している力の性質である。ジャックは幽霊のバーテンダーであるロイドとのシーンのなかで、この点に探りを入れている。

ロイド――お代は結構です、トランスさん。
ジャック――ただなのか?
ロイド――あなたのお金はここでは通用しません。家(ハウス)からの命令で。
ジャック――家(ハウス)からの命令?
ロイド――飲んでください、トランスさん。
ジャック――俺は誰が奢ってるのか知りたいんだ、ロイド。
ロイド――あなたには関係ないことです、トランスさん。少なくともいまのところはね。

家とはいったい誰であり何なのか。そしてそれは何を望んでいるのか。ジャックはこれ以上質問せず、映画は――小説同様――決定的な答えを示していない。われわれはけっしてオーヴァールック・ホテルを真に支配しているものを目にすることはない。小説版において、オーヴァールック・ホテルでパーティーに興じる者たちは、何度も繰りかえし「仮面を取れ（アンマスク）！」と命じつづける（これは小説版における重要な間テクストであるポーの「赤死病の仮面」への言及である）。しかし小説でも映画でも、ホテルから離れることのない者たちが、完全にその姿をあらわすことはない。彼らは顔をあかさないのではなく、見せるべき顔をもっていないように見える。小説のなかにおいて、彼らの基本的な形態の定義にもっとも近づいているように思われるのは、蜂の巣に見られるような、群れをなし蝟集する多数多様性だといえる。ロジャー・ラックハーストが『シャイニング』にかんする近著で示唆しているとおり、蜂の巣のイメージは映画では失われているが、おそらくそれは、リゲティの「ロンターノ」が聴かせるミクロポリフォニックなざわめきを挿入することによって、音に変えられているのだろう。

だがそれらの者たちはいったい何を欲しているのだろうか。われわれにいえるのは、彼らが人間の苦痛を糧にしなければならない存在であるということだけだ。だとするなら彼らは、ある視点からすれば「悪」としてあらわれることになるだろうが、しかしそうした見方は本質的に、ニーチェがいう子羊の視点である。けっきょくのところ、たいていの人間は、それらが何を糧にしているかという点から他の存在を裁く立場にいることはできないのである。

『シャイニング』がもつもう一つのぞっとする次元は、オーヴァールック・ホテルの運命的な力によって開かれる。ジャックはあるとき、自分こそがつねにそのホテルの「管理人だった」のだと告げられるのだ。ある意味でこの宣告は、ホテルそれ自体がもつ「アイオーン的な」時間を、つまり単線的な時計の時間を超えた時間を指し示しているといえる。だがそれはまた、ジャックをオーヴァールック・ホテルの管理人という立場に就かせることになった、影響と因果の鎖を指しているともいえるだろう。父親から虐待を受けたこと、作家としての失敗、アルコール中毒、酔ってダニーを怪我させたこと……。ホテルの影響は、はたしていったいどこまで遡るものなのだろうか。

アンドレイ・タルコフスキーによる一九七〇年代の二つの偉大な映画——『惑星ソラリス』(一九七二年)と『ストーカー』(一九七九年)——は、エイリアン的なぞっとするものにたいする拡張された関係のあり方を示している。どちらの場合においてもタルコフスキーによる解釈は、翻案のもとになったもの——スタニスワフ・レムの『ソラリス』(一九六一年)と、ボリスとアルカジイのストルガツキー兄弟による『路傍のピクニック』(邦題はタルコフスキーに合わせ『ストーカー』とされている)(一九七一年)——がもつ性質に抗うものだった。タルコフスキーは小説から風刺的で皮肉で不条理な要素を取り去り、信仰と贖罪をめぐる問いに焦点を当てるという自らの習慣を優先させている。だが彼は、未知なるものとの邂逅という、それらの小説の核心にある関心を手放してはいない。

『ソラリス』で問題になるのは、いわゆる海洋惑星〔全体が厚い水の層に覆われているとされる、天文物理学の仮説上の惑星〕、それも感覚をもった海洋惑星である。レムの小説において大きな役割を果たしているにもかかわらずタルコフスキーは、この惑星にかんして提唱されてきた射程の広い思弁と仮説の数々からなる「ソラリス学」という科学を軽視している。代わりに彼は、この惑星が心理学者のクリス・ケルヴィンに与える衝撃に焦点を当てる。ケルヴィンがソラリスの軌道上にある宇宙ステーションに到着すると、彼は友人であるジバリアン博士が死んでいるのを発見し、ステーション内に残っている二人の科学者が、ほとんどの時間を自分たちの部屋でこそこそと隠れて過ごしていることに気づく。だがケルヴィンはすぐに、いったいなぜ彼らが引きこもっているのかを理解することになる。というのも、数年前に自殺した彼の亡き妻ハリーの幻影が、ひどく混乱した状態で、何も覚えてはおらず自分がどこにいるかも分からないまま姿をあらわすことになるからだ。科学者たちはそうした幻影を「訪問者（ヴィジター）」と呼ぶようになり、それぞれが自分だけの訪問者（ヴィジター）をもって、それと向きあうことになっていく。訪問者（ヴィジター）はソラリスが発するメッセージともいえないようなメッセージであり、その目的や意図は分からないままである。じっさいパニックと嫌悪感からケルヴィンは、「ハリー」を探査用のカプセルに押しこめ、そのまま宇宙へと送りだしてしまう。だがハリーは——あるいはむしろハリーの別のヴァージョンは——ふたたびやってくる。この映画のなかでももっとも不穏なシーンの一つで、われわれはハリーのドレスにジッパーがないことに気づく。いったいなぜなのか。なぜならこの惑星はケルヴィンの記憶にもとづいて「ハリー」を構築しているからであり、そのドレスの記憶には、(記憶のされ方がぼんやりとして不完全であったために)ジッパーが含まれていなかったからなのだ。

ソラリスはいったい何を欲しているのか。そもそもそれは何かを欲しているのか、それともそのコミュニケーションは、自動的な排出のようなものと考えるべきなのか。もしかしたらこの惑星は、外在化された無意識と精神分析家の結合のようなものであり、科学者たちに対処すべき未解決のトラウマ的な素材を送りつづけているのだと見なせるのかもしれない。あるいはこの惑星は、まるで大きな力を授けられた幼児でもあるかのように、グロテスクにも苦悩の本質を「間違って理解」しながら、自らが人間の願いだと「考えている」ものを叶えてあげているのかもしれない。いずれにせよこの映画は、知性、認知、コミュニケーションというそれぞれに釣りあうことのない様態が、たがいに対峙したとき——あるいは対峙するのに失敗したとき——に生じる、ぞっとする行き詰まりを取りあげている。ソラリスの海がもつ崇高な他性は、映画による未知なるものの偉大なイメージの一つだといえる。

タルコフスキーの『ストーカー』の場合、エイリアンの痕跡は、ゾーンと呼ばれる、物理法則がその外の世界と同じようには適応されていないように見える場所として登場する。『ソラリス』において暗示されていた、願いを叶えるというおとぎ話の主題が、『ストーカー』においては主な関心事になり、ゾーンのどこかにあり、そのなかに入った者のもっとも深い欲望を叶える「部屋」という発想を中心にして展開されていく。「ストーカー〔stalker：「忍び歩く者」の意〕」とはゾーンにかんする独学の専門家であり、不安定で怪しげなその空間を探索したいと望む者を案内する者のことを指している。ストルガツキー兄弟の原作小説の場合ストーカーは、ゾーンから遺物を持ちだすための犯罪的なネットワークの成員だった。タルコフスキーの映画におけるストーカーもやはり人を裏切る人物だが——序盤のシーンでは、彼が自分の荷物をフェンスや軍の検問所や砲台からすり抜けさせているのが見られる——、しかしその動機は物質的なものというよりも精神的なものだ。ゾーンの神秘性を尊重し、その危険性や不安定さに敏感なストーカーは、他の者たちがその驚異によって変化することを望んでいる。だが彼の旅に加わってきた総称的な肩書きをもつ二人の人物——「作家」と「科学者」——は、そうした精神でゾーンを探索するには冷笑的で疑り深すぎることが分かり、ストーカーはひどく落胆する。危険を招くのは部屋に近づくことだけではない。部屋にはそれ自体としての危険が備わっている。われわれは別のストーカーであるヤマアラシが、弟を死に追いやったあと部屋に向かったことを知る。だが弟を返すかわりに、部屋は彼に金を与える。人の深い願いを叶えようと提案しながら、じっさいのところ部屋は、その存在にたいする裁きをもたらすのである。

『ストーカー』は特殊効果を用いることなくぞっとする空間を構築している点において注目に値する。タルコフスキーはエストニアにあるひじょうに雰囲気のある撮影地を採用している。それは成長しすぎた植物(オーヴァーグロウン)が一面に広がった空間であり、そのなかで、人間の残した残骸(廃工場や戦車用の罠やトーチカ)が息を吹きかえした葉叢に圧倒され、地下道や放棄された倉庫が見たこともない夢のような地形を生みだしている。それは直接的で物理的な脅威であるというよりも、形而上学的で実存的なものとしてあらわれる罠に満ちた異常な空間である。そこには何一つとして均一なものがない。空間同様時間もまた、予測不能なかたちで湾曲し、襞を作っていく。観客はじっさいに見えているものをとおしてよりも、ストーカーが示す高度な技能をつうじて直感されるものによってその土地がもつ質を味わうようになっていく。注意深く、隠れた危険につねに気を配り、過去の知識を引きだしつつも、以前の経験を通用しないものにしてしまうゾーンの変わりやすさにも対処するストーカーによって、見えない驚異と徴候に満ちた空間が喚起されていくのだ。未知なるものの前では謙虚でありながら、外部を探索することに身を捧げるストーカーは、一種のぞっとするものの倫理を示しているのだといえる。

タルコフスキーにとってゾーンは、多くの場合信仰が試される空間として扱われている。彼は、ストルガツキー兄弟の小説のタイトル〔『路傍のピクニック』〕が提案しているような、ゾーンは偶然生まれたものにすぎないのだという考えを避けている。ストルガツキー兄弟が示唆するところによるなら、ゾーンとその「魔法のような」特性は、何らかの摂理〔providence〕の奇跡的なあらわれではなく、エイリアンが路傍のピクニックに相当するものをおこなったあとに、意図せず残していったゴミにすぎないかもしれないということになる。この場合ぞっとするものは、不条理なジョークになってしまう。

摂理をめぐる問いは、これまでぞっとするものの場所がほとんど存在してこなかった二一世紀の映画の風景のなかで、キューブリックやタルコフスキーが確立した領域への歓迎すべき回帰をもたらしている映画である、クリストファー・ノーランによる『インターステラー』（二〇一四年）において中心を占めるものである。この映画は、どうやら善意をもっているらしい存在からなるある集団による、摂理にもとづいた介入を焦点に展開されていく。たんに「彼ら」と呼ばれているこの集団は、人類が滅びゆく惑星から脱出するのを手助けしているように見える。はじめに「彼ら」は、別の銀河への旅を可能にするワームホールを作りだす。映画の終盤になると、「彼ら」はいわゆるエイリアンではなく、四次元の外部、つまり時間の外部に出ることが可能になる「五次元」の領域にアクセスできるまでに進化した、未来の人間であることが分かる。だが未来の人間であることがあかされたあとも、「彼ら」のもつ他性が損なわれることはない。なぜならそうした人間たちの性質があきらかになることはないからだ。一方で彼らがわれわれとはまったく異なる存在なのは間違いない。したがってここでいう未来とは、一つの異邦(エイリアン)の国と化しているのだ。われわれは、――ワームホールの構築や、五次元からなる神秘的な「テサラクト」といった空間(それは時間が空間のように配置された場所であり、主人公のクーパーが映画のクライマックスで入っていく場所である)など――彼らが残す痕跡によってのみ、この未来の種を把握することになる。

以上のとおり、摂理的な介入は、未来の人間たちが過去に働きかけ、自分たちの生存の条件を作りだすという、時間のループとしてその姿をあらわしている。この時間のループのなかには、それぞれに異なる時間の異常性が複数存在している。なかでも顕著なのは、宇宙飛行士であり、最終的に宇宙でのミッションを成功に導く存在であるクーパーが、彼の娘のマーフに「取り憑く」という異常性である。五次元からなるテサラクトのなかでクーパーは、過去の自分が娘との人生の大半を失うことを意味するミッションを開始することなく、家にとどまるようにするために、必死にマーフに交信を送る。こうした時間の異常性は、奇妙にも見当違いなものである。もしクーパーが過去の自分を説得し、彼がとどまることになった場合、ミッションが軌道に乗ることはなかったことになる（すくなくとも彼がその指揮を取ることはありえなかったはずである）。だが彼がテサラクトのなかにいて、過去のマーフと連絡できているという事実そのものが、彼が失敗したに違いないことを、けっきょくのところ彼がミッションの指揮を取ることになったことを意味している。

クーパーが指揮を取るミッションは、文字どおりに枯れ果ててしまった地球から逃れようとするものである。作物は育たず、人口は急速に減少し、遠からず地球には、人間がまったく住めなくなってしまうのだ。クーパーはNASAで働くために採用されるが、NASAはいまや地下組織と化しており、秘密裏に運営されている。NASAのリーダーであるジョン・ブランドはどうやら、人類を救うために二つのプランを提案しているらしい。プランAは宇宙ステーションを形成するためにセントリフュージ〔宇宙空間においてその内部における重力を制御し、さまざまな実験を可能にする施設〕を打ち上げるというものである。一方でプランBは、土星近くのワームホールからアクセス可能な、居住可能性のある三つの惑星のうちの一つに植民するというものだ。それら三つの惑星はすでに、十年前のミッションで発見されていた。じっさいには一二の宇宙船が送りこまれたが、ミラー、マン、エドマンズという三人の宇宙飛行士が操縦する三機だけが生存可能な惑星に辿りついたことを示す信号を送り返してきたのだ。

映画は無関心な宇宙のヴィジョンと、ある種の物質的な摂理によって形づくられたヴィジョン（ここでいう物質性とは超自然的なものではなく、人間的でテクノロジー的な行為主体性に関連する意味でのそれである）の対比をもとに展開されていく。映画のなかでもっとも力強いシーンのいくつか——たとえば「ミラーの惑星」のシーン——では、無関心な自然の崇高な荒涼感が表現されている。表面が完全に水で覆われたその海洋惑星は、感覚をもたないソラリスの双子のようなものだ。ソラリスが答えのない思弁を促すのにたいして——この惑星はいったいどんな目的や欲望を抱いているのか——、ミラーの惑星は意図を欠いた世界による言葉なき決定論を提示している。終わりのない海に広がる津波と静寂は、何度も繰りかえされる目的なき行動であり、理由なき因果の産物である。目的をもった行為主体が不在であることそのものが、ぞっとする感覚を引きおこしていく（どうしてここには何もありえないのか）。意図の能力が使われていないことが示唆される点で、「無関心」という言葉はおそらく、この文脈では最終的に不適切なものだろう。沈黙した自然は、無関心でさえないのだといえるはずだ。それは無関心の能力さえ欠いているのである。だがだとしても、行為主体性が単純に何かを引き起こす能力だと定義されるとしたら、そこには行為主体性の零度のようなものがあるのだといえる。ミラーの惑星は原因と結果で満たされている。欠けているのは、計画性をもった、つまり目的をもった知性なのだ。

その惑星での絶望的なシーンの数々は——成員たちは惑星が生命を維持することのできない不毛の海であることに気づき、津波を山と見間違え、巨大な波に押しつぶされまいと奮闘する——、隣接するブラックホールによる歪みの影響によって、そこでの一時間が地球の時間での七年分に相当することを誰もが知っているという事実によって、さらに強烈なものになっている。われわれは、このことが子供たちのもとへ帰ることを望んでいるクーパーにとってとくに苦しいことだと知っている。宇宙船に戻ったクーパーは、計算違いがあったことに気づく。ミラーの惑星にいたあいだ、地球では二三年もの時間が経ってしまっていたのだ。ある悲痛なシーンのなかでクーパーは、子供たちが二〇年以上にわたって送ってきていたメッセージを見ながら、ほんの数分のあいだに大人に変わっていく彼らの人生を見つめている。

愛——とくに親と子供のあいだの愛——は、この映画の重要なテーマである。クーパーと彼の娘であるマーフのあいだの愛こそが、最終的にブランドによるプランAを機能させるものになっている。テサラクトにいるクーパーが、プランを左右する方程式を解くのに必要なデータをマーフに送ることを可能にしたのは、二人のあいだにある繋がりなのである。二人のあいだの愛はこの映画における中心的な情動の線だが、しかしそれは、悲劇的なかたちで挫折する。二人がふたたび一つに結ばれるのは、マーフの死の床においてのみなのだ。相対性原理の影響でクーパーは、地球を離れたときとほとんど同じ見た目をしているが、マーフはその時点でもう老婆になっている。彼女の人生は終わっていて、クーパーはそのほとんどに立ちあうことなく過ごしているのだ。

映画の前半、宇宙船エンデュランス号の船内で、アメリア・ブランド(ジョン・ブランドの娘)は、愛とは「高次元」からもたらされる力なのだと主張している。

クーパー――君は科学者だ、ブラント。

ブラント――聞いて。愛は人間が発明したものじゃない。愛は観察可能な力なの。それは何か意味をもってる。

クーパー――たしかに意味はあるよ、社会の団結とか絆とか、子供を育てたり……

ブラント――死んだ人間を愛するのも社会の絆なの?

クーパー――いや……

ブラント――愛には特別な意味がある。私たちが理解していないだけで。もしかしたらそれは何かの手かがりで、意識的に感じとれていない高次元の遺物なのかもしれないわ。私はいま十年も会っていない、きっともう死んでる人に、銀河を超えて引き寄せられてる。愛は時空を超えて私たちにも感じとれるものなのよ。

愛についてのアメリア・ブランドの発言は、私心のない立場からいわれたものではない。彼女はこの発言を、マンの惑星に向かうか、エドマンズの惑星に向かうかを決定しようというときにおこなっている。ブランドはエドマンズの惑星に行くことを望むが、この選択は、エドマンズが彼女の恋人だったという事実に駆動されている。つまりその事実こそが、愛とは神秘的なエネルギーであり、オカルト的な力と能力を備えたものなのだと考える原動力になっているのだ。しかしけっきょくのところ、少なくともエドマンズの惑星にかんしては、彼女が正しいことがあきらかになる。すでに見たとおりミラーの惑星は荒涼とした海であり、マンの惑星は氷の荒野であって、唯一エドマンズの惑星だけが生存可能な環境をもつものなのだから。

こうした展開を目にするとすぐに、そんなものはキッチュな感傷にすぎないのだと退けてしまいたくもなる。だが、『インターステラー』がもつ力の一部は、素朴で、感情的にも概念的にも過剰に見えてしまうというリスクを受けいれることに由来している。そしてこの点でこそこの映画は、**ぞっとする**愛の可能性を切り開いている。愛は（過剰に）慣れ親しんだものの側から、未知なるものの側へと移動する。ブランドの説明では、愛は未知なるものだが、調査し、量を定めることのできるものだ。つまりそれは、一つのぞっとする行為主体(エージェント)になるのである。

「……ぞっとするものは残りつづける」
――ジョーン・リンジー

彼女たちの視界のなかで、壁は薄く次第に透明になり、天井は花のように開いて、晴れわたった青空に変わった。そこに、ハンギングロックがそびえ立っている。ハンギングロックの落とす影は、黒くきらめく水のように、木漏れ日の落ちた野原を浸していた。彼女たちはそこでピクニックをしている。ゴムの木の陰で、太陽に温められた枯れ草の上に座っている……

――ジョーン・リンジー『ピクニック・アット・ハンギングロック』

最後に、ジョーン・リンジーの一九六七年の小説『ピクニック・アット・ハンギングロック』を取りあげなくてはならない。なぜなら『ピクニック・アット・ハンギングロック』は、ぞっとする小説の教科書的な例になっているからであり――じっさいそこには、消失や記憶喪失、地質学的な異常性、強烈な雰囲気をもった土地といった主題が含まれる――、それだけではなく同時にまた、リンジーによるぞっとするものの解釈には、肯定性や、――他のぞっとするテクストには存在しないか、抑制された状態にある――物憂げで譫妄的な魅力が備わっているからだ。リンジーの示す事例は、M・R・ジェイムズとは正反対なものである。すでに見たとおり、ジェイムズは外部をつねに危険で致命的なものとしてコード化するが、『ピクニック・アット・ハンギングロック』が呼び起こす外部は、畏怖の念や差し迫った危険を喚起しつつも、しかし同時に、ありふれた経験がもつ狭量な抑圧やつまらない限定を越え、夢幻的な明晰さをもった高次の雰囲気へと読者を連れていく。

『ピクニック・アット・ハンギングロック』は、消失はときに出現よりも人に取り憑き心を乱すものであることを示している。『ピクニック・アット・ハンギングロック』のなかでは、「nothing happens」だといえる。だがここで「nothing happens」というのは――小説が解決されないある謎をめぐって展開されていくことからも分かるとおり――、何の出来事も生じないということではない。つまりそれは、「何も生じない（ナッシング・ハップンズ）」ということではない。そうではないのだ。ここで「nothing happens」というのは、経験的な現実のなかへ不在が噴出するという意味、すなわち「無が**生じる**（ナッシング・ハップンズ）」という意味においてなのである。この小説はつまり、開かれた穴と、それが生みだす動揺にかんするものなのだ。

小説の核になる消失は、オーストラリアのヴィクトリア州にあるハンギングロックという岩山のそばで、バレンタインの日にピクニック旅行をしているときに生じる。ハンギングロックは、オスカル・ドミンゲスやマックス・エルンストのデカルコマニーに見られる、脊柱のような風景（スピナル・ランドスケイプ）のように、小説全体に覆いかぶさっている。それは人類の登場に何千年も先立つ深い時間からもたらされた、地質学的な遺物である。それは断片としてしか見ることができないものであり、そこにある迷宮のような空間は、もう一つの異邦的（エイリアン）なピクニックの空間であるタルコフスキーのゾーン同様、強烈に不安定なものだ。さらにいうなら、――物理的なものであるとともに精神的なものでもある――ハンギングロックの地形のいくらかは、譫妄的な状態に至ってはじめて通行可能になるものでもある。この穏やかな譫妄状態は、ピーター・ウィアーによる一九七五年の忠実な映画版において支配的な雰囲気になっている。そのなかでは、時間が（そして物語が）痛ましいまでに宙づりにされ、夢のような運命論が支配することになる。

　そのピクニック旅行は、私立の全寮制女学校であるアップルヤード学院の生徒たちによって組織された日帰りのものである。ヴィクトリア朝のイングランドの一部をイギリスとは似ても似つかない状況でシミュレートしようと試みているこの学院は、周囲の環境のなかに、マグリットの絵画のような違和感を漂わせながら佇んでいる。ハンギングロックと、この学院の服装やしきたりの優雅だが息の詰まるような不条理さの対比のなかで、われわれは植民地主義というプロジェクトに本来的に備わっているシュルレアリスムに気づかされることになる。

彼女たちは土からも空気からも日の光からも、ぬかりなく守られていた。太陽神経叢〔solar plexuses：みぞおちの解剖学的な呼称〕を締めつけるコルセット、たっぷりしたペチコート、コットン製の靴下、子ヤギ革のブーツ。それらを装い、つややかな頬をけだるそうに上気させて、木陰で寝そべっている。彼女たちは、野外にいるといかにも場違いだった。写真館で写真を撮るときに、コルクの岩や段ボールの木々で作った背景をあてがうことがあるが、あれに似た不自然さが漂っていた。

ピクニック旅行のさなか、四人の生徒――ミランダ、イーディス、マリオン、アーマ――と、学校の数学教師であるグレタ・マクロウは、ハンギングロックに登ることにする。ハンギングロックを登る道中は当初、あくまでありふれたものに見える。何ということもないおしゃべり、ゴシップ、ハンギングロックの途方もない年代をめぐる議論などがつづいていく。最初にそうした空気を破るのは、マリオンの不思議な発言である。「蟻の大群みたいにうじゃうじゃしているけれど、いったいあの人間たちが何を成し遂げられるというの？驚くほどたくさんの人間が、目的もなくただ生きているのよ。もちろん、本人たちが気づいていないだけで、それぞれが必要な役割を果たしているのかもしれないけれど」。まるでマリオンはもう下界から切り離されてしまったかのようであり、彼女はすでに敷居を超えてしまったかのようだ。雰囲気が決定的に変わるのは、四人がモノリス――「とてつもなく大きな卵のようなかたちで、切り立った崖の縁にまっすぐ立っている」――を目にしたあとのことだ。四人はすぐに倦怠感に襲われ、深い眠りに落ちていく。そこから視点は、イーディスのそれに変わる。彼女はパニックのなかで目を覚まし、家に帰ろうと主張する。だが他の者たちはいまやみな、何らかの別の（トランス的な）状態に移行しているように見える。

「ねえミランダ」イーディスが焦れたように尋ねた。「本当に気持ちが悪いんだって！いつになったら帰るの？」ミランダは、異様な目つきでイーディスを見た。いや、その目には何も映っていないようだった。イーディスはなじるように同じ質問を繰りかえした。するとミランダは、無言で背を向け斜面を登りはじめた。あとの二人も少し遅れてついていく。歩いているというよりは、岩の上を裸足で滑っているようだ、応接間の柔らかな絨毯の上かのように。

ミランダとマリオンとアーマは足を滑らせ、モノリスの背後に姿を消してしまう。イーディスは叫びながら急いでハンギングロックを下っていく。「泣きながら笑い、服はズタズタに破れたまま」ピクニックの場所まで帰ってきたときにはもう彼女は、他の生徒たちとどこで別れたのか、何もいうことができなくなっている。ハンギングロックで捜索がおこなわれるが、三人の生徒もマクロウ先生も見つからない（数日後、イーディスは岩のうえでなぜか下着姿になっているマクロウ先生を見たのを思いだしたと主張する）。最初の捜索は数日つづくが、何の結果ももたらされなかった。しかしそれからさらに数日後、アーマがハンギングロックで見つかる。彼女の服は破れ、コルセットはなくなっている。記憶喪失に苦しむ彼女は、ハンギングロックでいったい何が起きたのか、何も説明することができない。小説の残りの部分でも、われわれは何が起きたのかこれ以上まったく知ることができない。ハンギングロックで起きた出来事に関連したスキャンダルによって、最終的に学院は廃校になるが、失踪事件については何の説明もないままである。

この小説のぞっとする感覚のかたわらにあるのは——さらにいえばその感覚に貢献していると考えられるのは——、「現実効果」を生みだす能力だといえる。じっさいには完全に虚構化されたものであるにもかかわらず、この小説は本当の話をもとにしたものだと誤って広く信じこまれた。こうした受容を招いたのは他でもなく作者のリンジーである。彼女はあたかも事実にもとづいた説明であるかのように、実在する場所を用いながら小説を書いた（そこには、じっさいに存在する地質学的な層群であるハンギングロックそれ自体も含まれる）。この小説の巧妙さは、——若い女が別の世界に連れ去られるという——古典的なおとぎ話を、リアリズムの慣例を使って語りなおしている点にある。そうした慣例の一つとして、出来事に正確な日付を与えるというものがあった。小説によれば、三人の女生徒がいなくなったのは、一九〇〇年の二月一四日だとされる。示唆的なことに、一九〇〇年というのは、フロイトが『夢解釈』の発表年とすることを望んだ年である（よく知られているとおりだが、この日付は虚構的なものである。フロイトのテクストはじっさいには一八九九年に発表されているのだが、彼はそれがより画期となるような日付に生まれたことにしようとしたのだ）。だが『ピクニック・アット・ハンギングロック』は、じっさいの一九〇〇年を舞台にしているわけではない。その年の二月の一四日は、土曜日ではなく水曜日に当たるのだから。

いずれにせよ、その事件を事実に見せる錯覚(イリュージョン)は、謎にたいする解決が欠けていることによって生じている。ラカンが言及しているゼウクシスとパラシオスという画家たちの物語は、一つの喩え話を示している。ゼウクシスは鳥たちが食べようとするほどに本物そっくりな葡萄の絵を描いた。一方でパラシオスは一枚のカーテンを描いたが、ゼウクシスはそれを開いて、彼が何を描いたのか見せるように頼んだ。説明の欠如によって『ピクニック・アット・ハンギングロック』は、ここでいうパラシオスの絵画に似たものになっている。それはヴェールになり、謎になり、その未解決性によって、カーテンの背後には何かがあるに違いないという錯覚(イリュージョン)を生みだしているのだ。

この小説は、ぞっとする感覚というものは、単純に情報を抑えることによって創造され持続されるのだという考えを正当化するもののように見える。『ピクニック・アット・ハンギングロック』という事例において、こうしたことは文字どおりに生じていた。つまり、それが出版されたさいの小説のかたちは、じっさいにおこなわれたある削除の結果だったのである。草稿のなかでリンジーは、最終章で謎にたいするある種の解決をもたらしているのだが、出版社の勧めによって彼女は、じっさいに出版されたヴァージョンからその部分を取り除いたのだ。のちにこの「第一八章」は、『ハンギングロックの秘密』というタイトルで別に出版されている。

草稿にあった第一八章が、この小説の「現実効果」をいくらか損なうものだったことは間違いない。削除された章は、あきらかなトーンの変化をその特徴としている。小説のそれ以前の部分を性格づけている暗示性——外部にたいする、通常の世界を超えた何かにたいするほのめかし——はいまや、異常な経験をすっかり明確に説明する何かへと変わっているのだ。この章は、おおよそイーディスが逃げだすところからはじまっている。ミランダ、マリオン、アーマの三人は、モノリスによって「内側から引っぱられている」ように感じる。彼女たちは眠りに落ち、周囲にたいする幻覚的な感受性が高まった状態で目を覚ます。すると一人の年配の女が下着姿であらわれる——グレタ・マクロウだと思われるのだが、小説のなかでは名前が与えられておらず、他の登場人物も彼女が誰なのか分かっていない。年配の女が気を失い、ミランダが彼女のコルセットを緩める。これをきっかけにしてマリオンが、「こんな馬鹿げた衣装は取ってしまおう」といいだし、三人の学生はコルセットを取って、それをハンギングロックに投げ捨ててしまう。こうした一八章のなかでもっとも印象的なイメージとなるのはおそらく、ここでコルセットがすぐに地面に落ちず、ハンギングロックのそばでそのまま空中に浮かんでいる場面だろう。時間が止まったのだろうか。たしかにそれは時計の時間を超えている。そこにあるのはおそらく、夢の時間だといえるはずだ（イヴォンヌ・ルソーは、——『ハンギングロックの秘密』に収録されている——「一八章への注釈」というエッセイのなかで、「コルセット」の別名が「ステイ〔stay：動詞としては「とどまる」の意〕」だということを持ちだしたうえで、宙に浮いたコルセットのイメージが、一つの洒落――すなわち圧縮としての夢の作業――になっていることを指摘している）。するとそこに、「空間の穴」が生じる。それは「夏の満月のような大きさで、行ったり来たりしている。彼女はそれを画家や彫刻が穴を見るように、別のかたちにかたちや意味を与える、もの自体として見ていた。不在ではなく現前として……」。この穴が消えてしまうと彼女たちは、蛇が別の小さな穴のなかに入っていくのを目にする。年配の女が蛇を追いかけるのだというと、なぜか彼女は蟹に変身し、そのままわずかな空間を通りぬけていく。合図のあと、マリオンがそれにつづく（しかしここでは、彼女が何らかの動物になったという記述はなく、いったいどうやってその小さな穴を通ったのかについても何の説明もない）。ミランダが穴を通る番になると、怯えきったアーマが彼女を引きとめるが、ミランダはアーマの恐れや抵抗を理解せず、そのまま穴のなかへと入っていく。アーマは一人残され、待つことになる。そのままはっきりしない長さの時間が流れたあるとき、巨大な岩が穴に転がりおちてくる。アーマが、――おそらくもう自分には穴を通りぬけることはできないと自覚していながら――必死に巨石にどかそうとしているすがたが、この章の最後の光景になる。

一八章がないまま出版された小説は、解決のない謎を残しているだけではない。それはこの小説のジャンルをめぐる問いも開かれたままにもしている（それはリアリズムに属すのだろうか。それともマーダー・ミステリーに属するのだろうか。あるいは幻想（ファンタジー）だろうか。もしくはＳＦかもしれない）。一八章を含めたとしてもジャンルの問いが解決することはないだろうが、しかしその場合いくらかの可能性が消し去られてしまうことにはなるだろう。そうなるとたとえば、もはやそれをマーダー・ミステリーとして読むことは不可能だといえるはずだ。だがその一八章は、多くの謎を解決していると同時に、新たに生みだしてもいる。ハンギングロックにおける経験はいったいどんな地位にあるものなのか。たとえばグレタ・マクロウが蟹に変わったというようなことは、文字どおりに受け取られるべきものなのだろうか。そのときの経験は、何らかの陶酔状態の結果として理解されるべきものなのか（この場合、そのときの出来事をリアリズム的な読解に値するものへと戻すことが可能になるはずである）。女生徒たちが外部への入り口を通りぬけたという暗示は、『ピクニック・アット・ハンギングロック』を怪奇（ウィアード・）譚（テイル）として読むように誘うものであり、一八章によってこの小説は、奇妙なものとぞっとするもののあいだにある空間へと入っていくことになる。いずれにせよ確かなのは、一八章はこの小説が提示しているパズルにたいする単純な解決をもたらしてはいないということだ。イヴォンヌ・ルソーがいうように、「ジョーン・リンジーの当初の意図は最終的にあきらかになった——だがその彼女の意図とは、謎を解かないというものだったのだ。『ピクニック・

アット・ハンギングロック』の全体的な構造はあきらかになったが、しかしぞっとするものは残りつづける」。

ぞっとするものは、ハンギングロックでの経験に漂っている情動的な雰囲気をめぐる問いにもかかわっている。ジャスティン・バートンはこの雰囲気を、「太陽的トランス」と呼んでいるが、それは一種の肯定的な運命論のなかであらわれる。この運命論ははじめ、一見したところ欠如に見えるものとしてあらわれている（何かがあるべきところに無が存在している）。ハンギングロックのとりこになっていくなかで、彼女たちはその感情を剥奪されていくように見える。しかし多くの脅えも含むそうした感情とは、日常的な世界にたいする愛着なのである。アーマが穴を通りぬけてしまうことを最終的に防いだのは、彼女の恐れであり、彼女が日常への愛着を手放すことができないことだった（最後にアーマを描くさいリンジーは、彼女が裁縫が得意だったことに触れている）。彼女はコルセットを捨て去るという行為が何を約束していたのかを見抜くことができない。だがマリオンとミランダは、完全に未知なるもの（ジ・アンノウン）へと歩を進める準備ができている。彼女たちは、慣れ親しんだ感情が抑えられたときに生じる、ぞっとする静けさに憑かれているのだ。彼女たちは消え去った。だからこそその消失は、人に取り憑く穴を、外部にたいするぞっとする暗示を残すことになるのである。

訳者あとがき

はじめに

本書はMark Fisher, The Weird and the Eerie, Repeater Books, 2016. の全訳である。著者である批評家・哲学者のマーク・フィッシャーが自ら命を絶ったのは、二〇一七年一月一三日のことだった。イギリスではその前年の一二月一五日に刊行されていたこの本はしたがって、おおよその死の一ヶ月前に刊行された、フィッシャー三冊目の著作にして、生前最後の本であることになる。

なかなかドラマチックな経緯だといえるが、いずれにせよ人はあるときかならず死ぬのだし、われわれとしてはそこに過剰な意味を見いだすことは控えたい。そもそもフィッシャーは何より、生／死という二元論の外にある記録（レコーディング）されたものに賭けた人物だった。だとすればまず向かうべきなのは、テクストという記録物であるはずだ。

なぜ恐怖（ホラー）が問題になるのか

タイトルのとおり本書は、ホラーやSFといったジャンルの作品の分析をとおして、「奇妙なもの　the weird」と「ぞっとするもの　the eerie」という二つの情動を取りあげ、それ自体として論じようとするものである。従来、広い意味における恐怖に付随するものと見なされ、いずれにせよその傍系にあるものと見なされてきたこの二つの情動にたいし、それ自体としての資格で輪郭を与えることが目指されるわけである。だがここでとうぜん、疑問が生じる。結果としてであれフィッシャーの最後の本が、恐怖に関連する比較的マイナーな情動を取りあげるものだったのは、いったいどうしてなのだろうか。

たしかに、序においてフィッシャーは、それを扱う理由を示してはいる。だがその理由はあくまで、彼個人の内的な動機を述べたものだ。そもそもなぜいまこのタイミングで、恐怖にたいして批判的に介入し、漠然とそのなかに分類されている二つの情動をそれとして取りあげてみせる必要があったのか。より直接的にいうなら、それらがもつ今日性、とくにその政治的な今日性とは何なのか。こうした問いにたいする直接的な答えは、本書には見当たらない。

だが『資本主義リアリズム』(堀之内出版、二〇一九年、原著二〇〇九年)での議論を思いだそう。そこでは、新自由主義的な現在の「出口」のなさが問題になっていたのだった。翻ってそれからおよそ七年ののちに刊行された本書は、「奇妙なもの」と「ぞっとするもの」という情動を二つの軸にしながら、そうした情動とともにこそ知覚されるものとして、まさに「出口」や「穴」を問題にしていくことになる。

つまり、二つの情動をそれ自体として自立させようというフィッシャーの試みは、それ以外はありえないのだというかたちで自明視されている新自由主義的な現在からの「出口」を、その外部に通じる「穴」を指し示そうとする試みでもあるのだ。したがって、現状にたいする批判を踏まえた先にあるものを示そうとするかぎりで本書は、『資本主義リアリズム』よりもより積極的な政治性を潜在させるものなのである。

二つの情動の関係について

ともあれ、本書それ自体の論述に戻ろう。全体の「序」にあきらかなとおり、二つのマイナーな情動にたいする注目は、恐怖を語るさい支配的なレファレンスとして存在してきた「不気味なもの」というフロイトの概念を相対化するためのものだとされている。いいかえるならこの本は、「不気味なもの」という概念に包含され、結果としてそれ自体としては見えづらいものになってきた「奇妙なもの」と「ぞっとするもの」という二つを取りだし、そこに備わった可能性を、これまでとは別様なかたちで、それ自体として展開させるものなのである。

歴史を——ここでは一つの概念がたどってきた歴史を——動的なものと見なし、それがたどってきたプロセスを加速させて、現在を突き破り別の未来へと向かおうというこうした理路において、われわれは（左派）加速主義者としてのマーク・フィッシャーに出会っているのだということを確認しつつ、ではいったい、それ自体として取りだされる「奇妙なもの」や「ぞっとするもの」とはどのようなものなのか。

さしあたり「序」から総論的な定義となるような箇所を引くなら、まず「奇妙なもの」とは、「何にも属していないもの」が喚起する情動であり、一方で「ぞっとするもの」とは、われわれにはとらえがたい何らかの「行為主体（エージェント）」が作動していることをきっかけに生みだされる情動だとされるが、ここで注意するべきなのは、二つはかならずしも排他的なものではなく、むしろ相補的なものだということである。

いずれにせよ強調されているのは、両者はともに、「根本的に外部と関係している」ということだ。しかし「奇妙なもの」が、この世界の内部に突如として開かれる外部（すなわちその内部にある「何にも属していないもの」）にかかわり、二つの世界の相互作用や、それが生むショックや矛盾のなかで、自明なものだと見なされているこの世界の安定性を揺るがすものであるのにたいして、「ぞっとするもの」においては、われわれの認識とは別のレベルで、内部と見なされているもののなかにはすでに外部が存在し、一つの自立した行為主体（エージェント）として作用していること——すなわち「内部は外部を折りたたんだものとしてしか存在しない」こと——が強調されていく。

図式的に整理するなら、「奇妙なもの」が、この世界の自明性を揺るがし、この世界にたいする主観的な認識の変更を迫るものであるという意味で、主観的ないし主体的な次元にかかわるものであるのにたいして、「ぞっとするもの」は、認識の主体であるわれわれ自身すら貫くかたちで、つねにすでに外部が作用しているのだと見なす点において、客観的ないし客体的な次元にかかわるものなのである。

「奇妙なもの」――この世界を揺るがす外部との邂逅

じっさい、多様な分析対象をもとに外部のもつ魅惑が語られつつ、それが生みだす矛盾が示されていく「奇妙なもの」というセクションを読むなかで、読者は次第に、自明なものと見なされている世界が、あるときある仕方で構成(コンスティチュート)されたものにすぎないことを感知することになるはずである。取りあげるべき点は多いが、本書のもつ潜在的な政治性という観点からするなら、一つの読みどころはやはり、フィッシャーが「奇妙なもの」という問題系と出会いなおすきっかけでもあるラヴクラフトを扱った、「時空から生じ、時空から切り取られ、時空の彼方にあるもの」という章だろう。

そこで強調されているのは何より、「幻想(ファンタジー)」というジャンルからラヴクラフトを切り離すことである。ジャンルとしての幻想(ファンタジー)は、「われわれの世界とは全面的に異なる世界」を舞台として設定するが、けっきょくのところそれは、「その位置と時間という点において［……］距離をもっている」だけであり、「その存在論や政治という点から見れば、けっきょくのところわれわれの世界にきわめてよく似たもの」であるにすぎない。当世風の幻想(ファンタジー)に即していうなら、異世界に転生したところで、けっきょくのところそこには、現世的な価値観の数々が微調整されたうえで慰安的に延長されているにすぎないのだというわけだ。

それにたいしてラヴクラフトの作品においては、この世界と、その外部としての別の世界のあいだに、「相互作用が、交換が、対立が、そして衝突が存在している」のだとフィッシャーはいう。たんに時空というレベルだけでなく、「存在論や政治」といった次元までも含めて質的にはっきりと異なる、非対称的な二つの世界が出会ってしまうからこそ、いまあるこの世界の自明性が瓦解し、結果としてそこには、「奇妙な」感覚が生みだされるのだというわけだが、こうした指摘を政治の次元に敷衍するならそこには、一般に政治といわれるときにイメージされるような、口触りのいい改良主義的な理想を掲げつつ人を動員することに終始するそれとはまったく異なる、きわめてラディカルな政治の地平が開かれることになるのだといえる。

従来の政治のあり方との「相互作用」や「衝突」を手放さず、しかしそれとはまったく非対称的なかたちで存在しうる政治――いわば外部の政治――とは、具体的にいってどのようなものとしてありうるのかは別途考えるべきことだが、いずれにせよ本書におけるフィッシャーは、そうしたものを考慮にいれないかぎり、本質的な意味での変化などありえず、出口などありえないのだと考えているのである。

自足したこの世界を「脱世界化」すること――いいかえればそこから根拠を奪い、それを脱構成（デスティチュート）すること――は、まさに恐怖をともなうことだろう。そんなことはおかしいのだと、何かが「間違っている」のだと感じられるはずである。だがそうした感覚とともにある「奇妙なもの」こそが、「われわれが新しいものに立ち会っていることのしるし」であり、真の意味での変化をもたらすものなのである。

「ぞっとするもの」――外部における行為主体性（エージェンシー）の問い

一方で、後半のセクション「ぞっとするもの」では、いずれも行為主体性（エージェンシー）をめぐる問いにかかわる運命や記憶、意図や自由意志、そしてもちろん無意識や死の欲動といったものがテーマになる。この箇所は、フィッシャーの二冊目の単著であり、後期デリダに由来する「憑在論」という概念を梃子にして展開される文化論である、『わが人生の幽霊たち』（Pヴァイン、二〇一九年、原著二〇一四年）と連続性が強い。同書との関連でいうなら、記録物（レコーディング）や再生装置（プレイヤー）という主題をあらためて取りあげるニール／ガーナー論や、前著とは別の角度からキューブリックやノーランの作品を論じなおした章、あるいはザ・ケアテイカーを論じるさいの鍵だった記憶障害の問題を扱っているジョーン・リンジー論も見逃せないが、一つの焦点として注目しておくべきなのはやはり、なかほどに置かれた「消滅する大地について」だろう。

M・R・ジェイムズとブライアン・イーノを論じるこの章では、フィッシャーが居を構えていた港町フェリックストーにあるコンテナ港をその具体的な例にしながら、人間にはとらえられることのできない行為主体（エージェント）として、こんにちにおける資本のあり方が取りあげられていく。とはいえここで、そうした資本のあり方それ自体が外部を示し、出口になりうるのだと考えられているのだと見なすとしたら、それは早計である。そういった露悪的でニヒリズム的な態度は、マーク・フィッシャーのものではない。ある時期まで師弟といえる関係だったニック・ランドをその一つの象徴とするようなそうした立場を脇に見つつ、いかにそこから身を引き離すかが、後年におけるフィッシャーの課題だったはずである。

彼は次のように書いている。「コンテナ港とは金融資本の勝利の証であり、「脱物質化された」資本主義という幻想を促進するきわめて物質的なインフラの一部である。それは現代の資本のありふれた輝きに備わった、そのぞっとする裏面なのだ」。ここで注目されているのは、コンテナ港という場所が果たす二重の機能である。つまり、一方でその場所は、人間の気配を感じさせぬまま「エイリアン的」に作動するものであり、われわれにはとらえがたい行為主体性の存在を感じさせる点で「ぞっとする」感覚を生みだす。しかし同時にまたその風景は、そうしたとらえがたさが、ある時期あるかたちで人為的に構成された歴史をもつ、「きわめて物質的なインフラの一部」であることを暴露するものでもあるのだ。

そこに歴史がある以上、われわれはそれをたどりおなし、そのプロセスのなかにある要素を別様に展開して、それを加速することができる。じっさいフィッシャーは、ミュージシャンで哲学者のジャスティン・バートンとともに、ここでいうそのプロセスに相当するものとしてイーノのアンビエント作品を取りあげ、それを加速させるかたちで、この章のタイトルと同じ『消滅する大地について』というオーディオ・エッセイを制作していたのだった（※1）。

したがって、そこにおいて問題になっていたのはいわば、音とテクストによって、人間的な主体性を超えて作動するコンテナ港のようなシステムを、しかしそれとは異なるかたちで組織することだったのだといえる。つまりそれは、資本が余儀なくするあり方――たとえばランド的な、加速された生物工学とともにあるエイリアン――とは別のかたちで、対抗的なかたちでエイリアン的主体になることを試み、「ぞっとするもの」をしかるべく出口として組織しなおすことを試みたものだったのだ。

おわりに

フィッシャーの最終講義を収めた『ポスト資本主義の欲望』（左右社、二〇二二年、原著二〇二一年）の解説で編者のマット・コフーンがいうように、後年のフィッシャーにとってスピノザの読解が決定的なものだったとしたら、先に用いた「システム」という表現も、あながち的外れなものとはいえないはずである。フィッシャーはスピノザ哲学のなかに、「情動のエンジニアリング」を見いだしていた。だとすれば、さしあたり主客の分離に対応していると指摘しておいた二つの情動も、最終的には心身平行論的に一元化され、ある種のシステムを備えた回路を形成するものとして考えられていたのかもしれない。

「装置」としてのインフラに迫っていたフィッシャーはおそらく、一九七〇年代日本における映画の前衛たちが示しえた理論的な達成である「風景論」的な発想にもとづきながら、近年の惑星都市理論や批判地理学が提唱する「対抗ロジスティクス」のような何かを構想していたのではないか（注2）。本書を訳しながら考えていたのは、そんなことだった。いずれにせよフィッシャーはもういない。あるいは、そうした対抗的なシステムの全貌こそが、『アシッド・コミュニズム』と呼ばれる未完に終わった四冊目の本で語られようとしていたのかもしれないが、けっきょくのところそれは誰にも分からないことである。

最終講義の計画に上がっていたのだというアウトノミア運動を、彼はどう評価したのだろう。間違いなくそこには、いま知られているものとはまったく別のコミュニズムのあり方が示されていたはずだ。あるいは、やはり広義の恐怖と革命の問いを重ねあわせ、技術との関係のなかで集団的な身体を幻視していた脱措定／脱構成の批評家ベンヤミンを、同じ批評家として彼は、いったいどう読んでいたのだろう。興味は尽きないが、こうした問いが過ぎ去った過去に向けられるかぎりで、何の意味もないことである。われわれもまた彼に習い、プロセスを加速させるべきだ。本書とともに、無数の「奇妙なもの」と「ぞっとするもの」が見いだされることを願っている。

＊＊＊

翻訳と訳語の選定について一言しておきたい。本書には大岩雄典による抄訳が存在する（『早稲田文学』二〇二一年秋号掲載）。周到な解説も含め、大いに参考にさせていただいた（とくに〝the eerie〟にたいする「ぞっとするもの」という訳語については、教えられることが多かった)。

ただし、〝the weird〟にたいする「怪奇なもの」という訳語は変更している。大岩が継承している仲山ひふみが注1に挙げた文章のなかで示唆するとおり、〝weird〟という語が、グレアム・ハーマンやユージーン・サッカーなどの思弁的実在論の思想家のなかで、一種の鍵語となっていたこと、そしてそうした状況の背景に、「怪奇譚　weird story」の作家であるラヴクラフトの存在があったことは重要であり、その意味で「怪奇なもの」という訳語はまったく妥当なものだといえる。だが一方で、フィッシャー自身も言及しているとおり、〝weird〟とはそもそも相当に多義的な言葉である。

そこで本書では、日本語で「キモい」というときに一番ぴったりくる訳語としてそれが挙がることからも分かるとおり、何かが「妙」であることがその核心にあると判断し、ルビによって同じ語であることを明示した一部を除いて、「奇妙なもの」という訳語を選んだ。

こうした選択の背景には、フィッシャーが音楽を対象とする思想家であることもかかわっている。UKの音楽メディア『クワイエタス』は、その年の同国におけるアンダーグラウンドな音楽のベスト・テンを選出する記事名に「New Weird Britain」という呼称を用いているが、これには参照元がある。〇〇年代にフリー・フォークが脚光を浴びたとき、UKの音楽誌『ワイアー』(フィッシャーは一時期看板ライターのひとりだった)は「Welcome to the New Weird America」との題のもとに同ムーヴメントを取りあげたのだ。さらにこれは、かつて五〇〜六〇年代におけるフォーク・リヴァイヴァルを論じた音楽批評家グリール・マーカスの著書『The Old Weird America』を踏まえたものであり、〝weird〟にはそういった文脈で用いられてきた過去があるのである。

また、本書においてフィッシャーは、ナードな人間たちにたいする蔑称としても用いられる〝weird〟を、ある種の復讐として復権しようとしているのではないかという解釈もあったことも付言しておく。

最後に、『わが人生の幽霊たち』につづき、本書の編集はele-kingの野田努さんと小林拓音さんに担当していただいた。またしても、訳文の遅れからご迷惑をおかけしました。記して感謝いたします。ありがとうございました。

注1　この作品については、本書にもいちはやく言及している仲山ひふみによる紹介がある。「哲学者によるオーディオ・エッセイに見る「怪奇」の概念」、『美術手帖』ｗｅｂ版、二〇一九年九月五日公開。〈https://bijutsutecho.com/magazine/insight/20483〉

注2　「風景論」については、松田政男『風景の死滅　増補新版』（航思社、二〇一三年）、「対抗ロジスティクス」については、『思想』二〇二一年二月号（岩波書店）に収録された諸論考および、平田周、仙波希望編『惑星都市理論』（以文社、二〇二一年）をそれぞれ参照のこと。

映画

2001: A Space Odyssey (1968), dir. Stanley Kubrick〔『2001年宇宙の旅』〕
Amarcord (1973), dir. Federico Fellini〔『フェリーニのアマルコルド』〕
The Birds (1963), dir. Alfred Hitchcock〔『鳥』〕
Blue Velvet (1986), dir. David Lynch〔『ブルーベルベット』〕
Close Encounters of the Third Kind (1977), dir. Steven Spielberg〔『未知との遭遇』〕
Don't Look Now (1973), dir. Nicolas Roeg〔『赤い影』〕
Inception (2010), dir. Christopher Nolan〔『インセプション』〕
Inland Empire (2006), dir. David Lynch〔『インランド・エンパイア』〕
Interstellar (2014), dir. Christopher Nolan〔『インターステラー』〕
Invasion of the Body Snatchers (1978), dir. Philip Kaufman〔『SF／ボディ・スナッチャー』〕
The Man Who Fell to Earth (1976), dir. Nicolas Roeg〔『地球に落ちて来た男』〕
The Matrix (1999), dir. The Wachowski Brothers〔『マトリックス』〕
Mulholland Drive (2001), dir. David Lynch〔『マルホランド・ドライブ』〕
Night of the Living Dead (1968), dir. George Romero〔『ナイト・オブ・ザ・リビングデッド』〕
Picnic at Hanging Rock (1975), dir. Peter Weir〔『ピクニックatハンギング・ロック』〕
Planet of the Apes (1968), dir. Franklin J. Schaffner〔『猿の惑星』〕
Quatermass and the Pit (1967), dir. Roy Ward Baker
The Quatermass Xperiment (1955), dir. Val Guest〔『原子人間』〕
The Shining (1980), dir. Stanley Kubrick〔『シャイニング』〕
Solaris (1972), dir. Andrei Tarkovsky〔『惑星ソラリス』〕
Stalker (1978), dir. Andrei Tarkovsky〔『ストーカー』〕
Star Wars (1977), dir. George Lucas〔『スター・ウォーズ』〕
Under the Skin (2013), dir. Jonathan Glazer〔『アンダー・ザ・スキン　種の捕食』〕
Welt am Draht (World on a Wire) (1973), dir. Rainer Werner Fassbinder〔『あやつり糸の世界』〕
The Wicker Man (1973), dir. Robin Hardy〔『ウィッカーマン』〕

TV番組

Children of the Stones (1976), ITV production, written by Jeremy Burham and Trevor Ray, dir. Peter Graham Scott
Quatermass (1979), Euston Films production for ITV, written by Nigel Kneale, prod. Tr evor Childs
Quatermass II (1955), BBC production, created by Nigel Kneale
Quatermass and the Pit (1958-1959), BBC production, created by Nigel Kneale
The Quatermass Experiment (1953), BBC production, created by Nigel Kneale
The Stone Tape (1972), BBC production. written by Nigel Kneale, dir. Peter Sasdy
Twin Peaks (1990-1991), dir. David Lynch〔『ツイン・ピークス』〕
Whistle and I'll Come to You (1968), BBC production, dir. Jonathan Miller
Whistle and I'll Come to You (2010), BBC production, dir. Andy de Emmony

Matheson, Richard. (2008). *The Incredible Shrinking Man*. New York: Tor Books〔リチャード・マシスン『縮みゆく男』本間有訳、扶桑社ミステリー、二〇一三年〕

McHale, Brian. (1987). *Postmodernist Fiction*. London: Routledge

Moorcock, Michael. (1999). *Behold the Man*. New York: Gollancz〔マイクル・ムアコック『この人を見よ』峯岸久訳、ハヤカワ文庫SF、一九八一年〕

Negarestani, Reza. (2008). *Cyclonopedia: Complicity with Anonymous Materials*. Melbourne: re.press

Nuttall, Jeff. (1968). *Bomb Culture*. London: HarperCollins

Otto, Rudolph. (1958). *The Idea of the Holy*. Oxford: Oxford University Press〔ルドルフ・オットー『聖なるもの』久松英二訳、岩波文庫、二〇一〇年〕

Parrinder, Patrick. (2008). *James Joyce*. Cambridge: Cambridge University Press

Poe, Edgar Allen. (2016). *Masque of the Red Death*. New York: Createspace〔エドガー・アラン・ポー「赤き死の仮面」『黒猫・アッシャー家の崩壊――ポー短編集I ゴシック編』巽孝之訳、新潮文庫、二〇〇九年〕

Powers, Tim. (2005). *The Anubis Gates*. New York: Gollancz〔ティム・パワーズ『アヌビスの門』上下、大伴墨人訳、ハヤカワ文庫FT、一九九三年〕

Priest, Christopher. (2011). *The Affirmation*. New York: Gollancz

—. (2005). *The Glamour*. New York: Gollancz〔クリストファー・プリースト『魔法』古沢嘉通訳、ハヤカワ文庫FT、二〇〇五年〕

Sheppard, David. (2015). *On Some Faraway Beach: The Life and Times of Brian Eno*. London: Orion

Strugatsky, Boris & Arkady. (2012). *Roadside Picnic*. New York: Gollancz〔アルカジイ・ストルガツキー+ボリス・ストルガツキー『ストーカー』深見弾訳、ハヤカワ文庫SF、二〇一四年〕

Thomas, D.M. (2004). *The White Hotel*. London: W&N〔D・M・トマス『ホワイト・ホテル』出淵博訳、河出書房新社、一九八六年〕

Thomson, Philip. (1972). *The Grotesque*. London: Methuen

Wells, H.G. (2015). "The Door in the Wall", in *The Door in the Wall and Other Stories*. New York: Createspace

〔H・G・ウェルズ「白壁の緑の扉」『白壁の緑の扉 バベルの図書館8』小野寺健訳、国書刊行会、一九八八年〕

Woodward, Ben. (2012) *Slime Dynamics*. London: Zero Books

Žižek, Slavoj. (2009). *The Sublime Object of Ideology*. London: Verso〔スラヴォイ・ジジェク『イデオロギーの崇高な対象』鈴木晶訳、河出文庫、二〇一五年〕

音楽

Miles Davis. (1970). *Bitches Brew*

Brian Eno. (1982). *Ambient 4: On Land*

The Fall. (1980). *Grotesque (After the Gramme)*

The Fall. (1982). *Hex Enduction Hour*

Joy Division. (1979). *Unknown Pleasures*

Györgi Ligeti. (1963). *Requiem for Soprano, Mezzo-Soprano, 2 Mixed Choirs and Orchestra*

Györgi Ligeti. (1967) *Lontano*

John Martyn. (1973). *Solid Air*

John Martyn. (1977). *One World*

Nico. (1968). *The Marble Index*

Tubeway Army. (1979). *Replicas*

Hofstadter, Douglas. (2008). *I Am a Strange Loop*. New York: Basic Books〔ダグラス・ホフスタッター『わたしは不思議の環』片桐恭弘＋寺西のぶ子訳、白揚社、二〇一八年〕

Houellebecq, Michel. (2008). *H.P. Lovecraft: Against the World, Against Life*. New York: Gollancz〔ミシェル・ウエルベック『H・P・ラヴクラフト——世界と人生に抗って』星埜守之訳、国書刊行会、二〇一七年〕

Irigaray, Luce. (1985). *Speculum: Of the Other Woman*, trans Gillian C. Gill. New York: Cornell University Press

James, M.R. (2007). "Oh, Whistle, and I'll Come to You, My Lad", in *Collected Ghost Stories*. London: Wordsworth〔M・R・ジェイムズ「笛吹かば現れん」『M・R・ジェイムズ怪談全集1』紀田順一郎訳、創元推理文庫、二〇〇一年〕

—. (2013) "A Warning to the Curious", in *Collected Ghost Stories*. Oxford: OUP〔「猟奇への戒め」『M・R・ジェイムズ怪談全集2』紀田順一郎訳、創元推理文庫、二〇〇一年〕

—. (2013) "Casting the Runes", in Collected Ghost Stories. Oxford: OUP〔「人を呪わば」『M・R・ジェイムズ怪談全集1』〕

Jameson, Fredric. (1992). *Postmodernism, or the Cultural Logic of Late Capitalism*. London: Verso

Jarry, Alfred. (2003). *Ubu Roi*. London: Dover Editions〔アルフレッド・ジャリ『ユビュ王』竹内健訳、現代思潮社、一九六五年〕

King, Stephen. (2011). *The Shining*. London: Hodder〔スティーヴン・キング『新装版シャイニング』上下、深町眞理子訳、文春文庫、二〇〇八年〕

Lacan, Jacques (2004). The Four Fundamental Concepts of Psycho-Analysis, ed. Jacques-Alain Miller, trans. Alan Sheridan. London: Karnac Books〔ジャック・ラカン『精神分析の四基本概念』上下、ジャック＝アラン・ミレール編、小出浩之ほか訳、岩波文庫、二〇二〇年〕

Lem, Stanislaw. (2002). *Solaris*. London: Faber & Faber〔スタニスワフ・レム『ソラリス』沼野充義訳、ハヤカワ文庫SF、二〇一五年〕

Lévy, Maurice. (1988). *Lovecraft: A Study in the Fantastic*. Detroit: Wayne State University Press

Lindsay, Joan. (2013). *Picnic at Hanging Rock*. London: Vintage Classics〔ジョーン・リンジー『ピクニック・アット・ハンギングロック』井上里訳、創元推理文庫、二〇一八年〕

—. (2013). *The Secret of Hanging Rock*. London: Vintage Classics

Lovecraft, H.P. (2005). *At the Mountains of Madness: The Definitive Edition*. Penguin Random House: Modern Library〔H・P・ラヴクラフト「狂気の山脈にて」『狂気の山脈にて クトゥルー神話傑作選2』南條竹則訳、二〇二〇年〕

—. (2011). "Call of Cthulhu", in *H.P. Lovecraft: The Complete Fiction*. New York: Barnes and Noble〔「クトゥルーの呼び声」『インスマスの影　クトゥルー神話傑作選』南條竹則訳、新潮文庫、二〇一九年〕

—. (2011). "Colour Out of Space", *H.P. Lovecraft: The Complete Fiction*. New York: Barnes and Noble〔「異次元の色彩」『インスマスの影』〕

—. (2011). "Dreams in the Witch House", H.P. Lovecraft: The Complete Fiction. New York: Barnes and Noble〔「魔女屋敷で見た夢」『アウトサイダー　クトゥルー神話傑作選3』南條竹則訳、新潮文庫、二〇二二年〕

—. (2011). "Notes on Writing Weird Fiction", *Supernatural Horror in Literature & Other Literary Essays*. Maryland: Wildside Press〔「怪奇小説の執筆について」『ラヴクラフト全集4』大瀧啓裕訳、創元推理文庫、一九八五年〕

—. (2011). "The Shadow Out of Time", *H.P. Lovecraft: The Complete Fiction*. New York: Barnes and Noble〔「時間からの影」『狂気の山脈にて』〕

Luckhurst, Roger. (2013). *The Shining*. London: BFI

Marcus, Greil. (2011). *Lipstick Traces: A Secret History of the Twentieth Century*. London: Faber & Faber

参考文献

本

Atwood, Margaret. (2013). *Oryx and Crake*. London: Virago

—. (1997). *Surfacing*. London: Virago〔マーガレット・アトウッド『浮かびあがる』大島かおり訳、新水社、一九九三年〕

Ballard, J.G. (2014). *The Drowned World*. London: Fourth Estate〔J・G・バラード『沈んだ世界』峰岸久訳、創元SF文庫、一九六八年〕

Barton, Justin. (2015). *Hidden Valleys: Haunted by the Future*. London: Zero Books

Borges, Jorge Luis. (2000). "Pierre Menard, Author of the *Quixote*", in *Labyrinths: Selected Stories and Other Writings*. London: Penguin〔J・L・ボルヘス「『ドン・キホーテ』の著者、ピエール・メナール」『伝奇集』鼓直訳、岩波文庫、一九九三年〕

Burroughs, William S. (2012). *The Western Lands*. Penguin Modern Classics〔ウィリアム・バロウズ『ウエスタン・ランド』飯田隆昭訳、思潮社、一九九一年〕

Butler, Charles. (2001) "Alan Garner's *Red Shift* and the Shifting Ballad of 'Tam Lin'" in *Children's Literature Association Quarterly*, Summer 2001

CCRU . "The Templeton Episode" (http://www.ccru.net/digithype/templeton.htm)

Deleuze, Gilles & Guattari. Felix. (2013). *Anti-Oedipus*, trans. Robert Hurley, Helen R. Lane & Mark Seem. London: Bloomsbury〔ジル・ドゥルーズ+フェリックス・ガタリ『アンチ・オイディプス——資本主義と分裂症』上下、宇野邦一訳、河出文庫、二〇〇六年〕

—. (2013). *A Thousand Plateaus*, trans. Brian Massumi. London: Bloomsbury〔『千のプラトー——資本主義と分裂症』上中下、宇野邦一ほか訳、河出文庫、二〇一〇年〕

Dick, Philip K. (2003). *Time Out of Joint*. New York: Gollancz フィリップ・K・ディック『時は乱れて』山田和子訳、ハヤカワ文庫SF、二〇一四年

du Maurier, Daphne. (2006). "Don't Look Now", in *Don't Look Now and Other Stories*. London: Penguin〔ダフネ・デュ・モーリア「いま見てはいけない」『いま見てはいけない——デュ・モーリア傑作集』務台夏子訳、創元推理文庫、二〇一四年〕

—. (2004). "The Birds", in *The Birds and Other Stories*. London: Virago〔「鳥」『鳥——デュ・モーリア傑作集』務台夏子訳、創元推理文庫、二〇〇〇年〕

Faber, Michael. (2014). *Under the Skin*. London: Canongate Books〔ミッシェル・フェイバー『アンダー・ザ・スキン』林啓恵訳、アーティストハウス、二〇〇一年〕

Freud, Sigmund. (2011). *Beyond the Pleasure Principle*, trans. James Strachey. New York: Createspace〔ジークムント・フロイト「快感原則の彼岸」『自我論集』竹田青嗣編、中山元訳、ちくま学芸文庫、一九九六年〕

—. (2010). *Civilisation and its Discontents*, trans. James Strachey. London: Penguin〔「文化への不満」『幻想の未来/文化への不満』中山元訳、光文社古典新訳文庫、二〇〇七年〕

—. (2010). *The Interpretation of Dreams* trans. A.A. Brill. London: Basic Books〔『夢判断』上下、高橋義孝訳、新潮文庫、一九六九年〕

—. (2003). *The Uncanny*, trans. David McLintock. London: Penguin〔「不気味なもの」『ドストエフスキーと父親殺し/不気味なもの』中山元訳、光文社古典新訳文庫、二〇一一年〕

Garner, Alan. (2014). *Elidor*. London: HarperCollins〔アラン・ガーナー『エリダー——黄金の国』龍口直太郎訳、評論社、一九六九年〕

—. (2014). *Red Shift*. London: HarperCollins

—. (2014). *The Owl Service*. London: HarperCollins〔『ふくろう模様の皿』神宮輝夫訳、評論社、一九七二年〕

Galouye, Daniel F. (2011). *Simulacron-3*. New York: Gollancz

Harman, Graham. (2012). *Weird Realism*: Lovecraft and Philosophy. London: Zero Books

自然主義 …… 28–29, 48, 76, 80, 82, 83, 176
死の欲動 …… 14, 49, 134, 137, 138, 219
シミュレーション …… 73, 75, 80, 83, 183
主観性 …… 71, 92, 95, 101, 146, 157, 164, 165, 178–180
シュルレアリスム …… 14, 41, 204
象徴界 …… 163, 165–169
新唯物論 …… 136–137
脊柱の（ような）風景 …… 140, 203
ぞっとするもの …… 9–12, 14–19, 53, 99–105, 107, 110, 111, 116, 121, 123–126, 129, 131, 132, 138, 144, 147, 163, 165, 170, 172, 181, 182, 184, 188, 192, 193, 201, 202, 211, 212, 215–219, 221, 222
存在論的 …… 39, 40, 45, 53, 55, 73, 76, 78, 79, 83, 88, 94, 95, 118, 181
タナトス …… 133, 134, 137, 138, 140, 142, 143
超越論的 …… 15,36,47,71
超自然的 …… 23, 24, 28, 48, 134, 135, 155, 182, 196
つねにすでに …… 71, 149
認知的疎外 …… 78
ノスタルジー …… 81
ビッグ・ブラザー …… 169
不気味なもの …… 9, 11, 28, 217
不在の失敗 …… 100, 103, 104
魅惑 …… 10, 26–28, 130, 164, 218
無意識 …… 14, 36, 95, 96, 104, 115,116, 121, 122, 138, 144, 145, 165, 190, 219
幽霊 …… 49, 141, 142, 165, 179, 180, 184, 185
リゾーム …… 67, 95, 143

『マトリックス』…… 76
『魔法』…… 112, 117, 118
『マルホランド・ドライブ』…… 87–90, 92–94
『未知との遭遇』…… 144
『模造世界』…… 74
『ユビュ王』…… 56
「夢空間の幾何学」…… 37
『ユリシーズ』…… 59
『ラヴクラフト——空想的なものの研究』…… 29
『リップスティック・トレイスズ』…… 140
「猟奇への戒め」…… 60, 127, 130, 134
『輪廻の蛇』…… 65
『レプリカ』…… 144
『路傍のピクニック』…… 188, 193
「ロンターノ」…… 187
『惑星ソラリス』…… 27, 75, 188
『ワン・ワールド』…… 168

用語・概念など

異邦の、異邦的なもの …… 33, 35, 84, 129, 132, 135, 137, 145, 146, 175, 176, 194, 203
異様なもの …… 10, 12, 13, 18, 24, 135
異様なループ …… 63, 65, 73, 76
陰性幻覚 …… 79, 121
ウンハイムリッヒ → 不気味なもの
外部 …… 10, 13–16, 24, 25, 31–34, 36, 38, 46–48, 56, 82, 88, 93, 96, 129–132, 134, 159, 163, 164, 167, 173, 175, 192-194, 202, 209, 211, 212
快楽原則 …… 50
家庭的なもの …… 14
器官なき身体 …… 167
奇妙なもの …… 9–12, 14, 15, 17, 18, 23–26, 29-33, 35, 41, 44–46, 50-54, 57, 58, 71, 72, 79, 80, 94, 99, 100, 211, 215–219, 222, 223
享楽 …… 18, 26, 27
記録物 …… 92, 93, 140, 185, 215, 220
空想的なもの …… 29
グロテスクなもの …… 51–54, 56–58, 60
現実界 …… 64, 84, 93, 102, 131
現実効果 …… 39, 80, 207, 209
現前の失敗 …… 100, 101, 103, 104
幻想 …… 28, 30–32, 46, 61, 64, 71, 88, 89, 113, 118, 125, 159, 165, 178, 211, 218, 220
行為主体 …… 15–17, 103, 104, 110, 118, 119, 130, 131, 182, 196, 200, 217, 220
行為主体性 …… 15, 103, 104, 106, 112, 116, 135, 137, 138, 157, 158, 182–184, 196, 219
行為遂行的 …… 179
再生装置 …… 141, 142, 220
錯綜したヒエラルキー …… 65, 95

『シャイニング』…… 70, 111, 184, 185, 187
「シャドウ」…… 131
『症例史』…… 16
「ジョーボーン・アンド・ジ・エア・ライフル」…… 60–61
「白壁の緑の扉」…… 41, 44, 46–49
『スター・ウォーズ』…… 76, 144
『ストーカー』…… 75, 188, 190–192
『聖なるもの』…… 48
『世界と人生に抗って』…… 48
「赤死病の仮面」…… 187
『赤方偏移』…… 147–149, 151–153, 155, 156, 158, 185
『千のプラトー』…… 167
『ソラリス』…… 188, 189, 191
『ソリッド・エア』…… 168
『地球に落ちて来た男』…… 181
『縮みゆく人間』…… 45
『チャイルド・バラッド』…… 153
『チルドレン・オブ・ザ・ストーンズ』…… 145
『ツァラトゥストラ』…… 184
『ツイン・ピークス』…… 87, 88
「テンプルトン挿話」…… 63
『時の門』…… 65
『時は乱れて』…… 79–81, 83, 87
『鳥』…… 105, 106
『ドン・キホーテ』…… 39
『ナイト・オブ・ザ・リビング・デッド』…… 107
『ナルニア国物語』…… 30
『2001年宇宙の旅』…… 140, 182
『ニューロマンサー』…… 142
『ネクロノミコン』…… 39, 40, 45
『ハンギングロックの秘密』…… 208, 209
「ファイアリー・ジャック」…… 57
『ピクニック・アット・ハンギングロック』…… 201, 202, 207, 208, 211
『ビッチェズ・ブリュー』…… 168
「人を呪わば」…… 62
「笛吹かば現れん」…… 60, 126, 127, 129, 132, 134, 179
『フェリーニのアマルコルド』…… 131
『ふくろう模様の皿』…… 152, 156, 158
『フランケンシュタイン』…… 55
『ブルー・ベルベット』…… 87, 88, 90
「文化への不満」…… 36, 169
『ヘックス・エンダクション・アワー』…… 60
『ポストモダニズム――後期資本主義の文化論理』…… 80
『ポストモダン的フィクション』…… 73
『ボム・カルチャー』…… 145
『ホワイト・ホテル』…… 16
「マーブル・インデックス」…… 62
『マクベス』…… 17
「魔女の家の夢」…… 38

『アンダー・ザ・スキン』…… 163, 170, 178. 181
『アンチ・オイディプス』…… 167
『アンノウン・プレジャー』…… 144
『アンビエント4：オン・ランド』…… 126, 129–132
「イエスタデイ」…… 68
『異次元の影』…… 33
『異次元の色彩』…… 33
『イデオロギーの崇高な対象』…… 64
「いま見てはいけない」…… 108
『イメージの裏切り』（『これはパイプではない』）…… 91
「インスマスの影」…… 25, 61
『インセプション』…… 78
「インプレッション・オブ・ジェイ・テンペランス」…… 55
『インランド・エンパイア』…… 45, 87, 94–96
『ウィアード・テイルズ』…… 24, 32
『ウィッカーマン』…… 15
『ウエスタン・ランド』…… 67
『浮かびあがる』…… 162–164, 166–169, 175
『宇宙戦争』…… 124
『SF/ボディ・スナッチャー』…… 125, 139
『エリダー』…… 152
『大いなる遺産』…… 60
『オズ』シリーズ …… 30
『オリクスとクレイク』…… 169
『オリバー・ツイスト』…… 67
『オン・ヴァニッシング・ランド』…… 10, 123
「怪奇小説の執筆について」…… 26, 28, 29
「快楽原則の彼岸」…… 36, 137
「狂気山脈」…… 34
「銀の鍵」シリーズ …… 45
『クウェイターマス』…… 138, 139, 142–146, 181
『クウェイターマス・エクスペリメント』…… 139
『クウェイターマスII』…… 139
『クウェイターマスと穴』…… 135, 138–140
『クトゥルフの呼び声』…… 37, 59
「クライング」…… 92
『グロテスク（アフター・ザ・グラム）』…… 54
『建築について』…… 51
『顕膣鏡——別の女について』…… 167
『肯定』…… 112, 114, 116–118
『この人を見よ』…… 65
「ザ・N・W・R・A」…… 58, 59
「ザ・コンテナ・ドライヴァーズ」…… 57
『ザ・ストーン・テープ』…… 138, 141, 156, 185
『サイクロノペディア——匿名的物質との共謀』…… 133
『猿の惑星』…… 103
『ジェイムズ・ジョイス』…… 52
『沈んだ世界』…… 140
「シティ・ホブゴブリン」…… 53, 56

マクヘイル、ブライアン …… 73, 74
マグリット、ルネ …… 91, 203
マシスン、リチャード …… 45
マルクーゼ、ヘルベルト …… 82
ミエヴィル、チャイナ …… 34, 35, 37
ミラー、ジョナサン …… 127–130
ミルズ、ジョン …… 146, 147
ムアコック、マイケル …… 65
モレル、アンドレ …… 146
モンロー、マリリン …… 81

ヤ行

ヨハンソン、スカーレット …… 172–177, 181

ラ行

ラヴクラフト、H・P …… 9, 23–41, 44–48, 53, 55, 58, 59, 100, 127, 218, 223
ラカン、ジャック …… 14, 18, 26, 49, 84, 163, 178, 208
ラックハースト、ロジャー …… 187
ラドキン、デヴィッド …… 127
ラムレイ、ブライアン …… 40
リーグ・オブ・ジェントルメン …… 61
リゲティ・ジェルジュ …… 182, 187
リンジー、ジョーン …… 201, 202, 207, 208, 211, 212, 220
リンチ、デヴィッド …… 45, 87, 88, 94
ル・カレ、ジョン …… 58
ルイス、ウィンダム …… 58
ルイス、C・S …… 30, 45, 84
ルソー、イヴォンヌ …… 209, 211
レヴィ、モーリス …… 29, 31
レディオフォニック・ワークショップ …… 76
レム、スタニスワフ …… 188, 189
ローグ、ニコラス …… 111, 181
ロビンソン、ロイ …… 92
ロブ＝グリエ、アラン …… 39
ロメロ、ジョージ・A …… 107

ワ行

ワッツ、ナオミ …… 89

作品（小説・映画・音楽など）

「アイスランド」…… 62
『アヌビスの門』…… 65–67
『あやつり糸の世界』…… 74, 76–78

ニコ …… 62
ネガレスタニ、レザ …… 133, 134
ノーラン、クリストファー …… 181, 193, 220

ハ行

バーダー・マインホフ・グルッペ …… 143
バートン、ジャスティン …… 9, 123, 159, 212, 221
ハーマン、グレアム …… 37, 39
ハインライン、ロバート・A …… 65
バトラー、チャールズ …… 153, 155, 157
バラード、J・G …… 124, 140
パラシオス …… 208
ハリング、ローラ …… 89
バロウズ、ウィリアム・S …… 67
パワーズ、ティム …… 63, 65, 67
ハワード、ロバート・E …… 40
ハンコック、グラハム …… 35
ハンリー、スティーヴ …… 56
ビアース、アンブローズ …… 29
ビートルズ、ザ …… 68
ヒッチコック、アルフレッド …… 106
ピンチョン、トマス …… 39
ファスビンダー、ライナー・ヴェルナー …… 73, 74, 76, 78
フェイバー、ミシェル …… 170, 172
フェリー、ブライアン …… 75
フォール、ザ …… 51, 53, 54, 56, 61
フォン・デニケン、エーリッヒ
プランダー、パトリック …… 35
プリースト、クリストファー …… 105, 112–113, 117
フロイト、ジークムント …… 11–13, 16, 36, 47, 49, 104, 121, 136–138, 169, 207, 217
ヘイワース、リタ …… 89
ベケット、サミュエル …… 85
ベネット、ジェーン …… 136
ヘルダーリン、フリードリヒ …… 39
ボウイ、デヴィッド …… 181
ポー、エドガー・アラン …… 29, 187
ホーソン、ナサニエル …… 29
ホーダン、マイケル …… 128, 129
ボーム、ライマン・フランク …… 30
ホッパー、エドワード …… 85
ホッブズ、トマス …… 143
ホフスタッター、ダグラス …… 65
ボルヘス、ホルヘ・ルイス …… 39

マ行

マーカス、グリール …… 140, 223
マーティン、ジョン …… 168

ジェイムズ、M・R …… 60, 62, 123, 126–128, 130, 132, 134, 179, 202, 220
ジェイムズ、ヘンリー …… 13
ジェイムソン、フレデリック …… 80, 82
シェパード、デヴィッド …… 131
ジジェク、スラヴォイ …… 27, 64
ジャール、ジャン＝ミシェル …… 144
ジャリ、アルフレッド …… 56
ジョイ・ディヴィジョン …… 144
ジョイス、ジェイムズ …… 59
スーヴィン、ダルコ …… 78
ストルガツキー、アルカジイ …… 188, 191, 193
ストルガツキー、ボリス …… 188, 191, 193
スピノザ …… 136, 221
スピルバーグ、スティーヴン …… 144
スミス、クラーク・アシュトン …… 40
スミス、マーク・E …… 55–60, 62
ゼウクシス …… 208

タ行

ダーウィン、チャールズ …… 136
ダーレス、オーガスト …… 38, 40
ダーン、ローラ …… 95
タケモト、ティモシー …… 90
タルコフスキー、アンドレイ …… 75, 181, 188–193, 203
ダンセイニ卿 …… 30–32
チャイルド、フランシス・ジェームズ …… 153
チューブウェイ・アーミー …… 144
デ・ラ・メア、ウォルター …… 32
デイヴィス、マイルス …… 168
ディック、フィリップ・K …… 58, 73, 76–80, 82–83, 85
デカルト …… 178
デュ・モーリア、ダフネ …… 105, 106, 108, 111, 112
デル・リオ、レベッカ …… 92
デルヴォー、ポール …… 41
ド・エモニー、アンディ …… 179
ドゥルーズ、ジル …… 167
トールキン、J・R・R …… 30, 38
トドロフ、ツヴェタン …… 28
ドナルドソン、ステファン …… 30
トマス、D・M …… 16
ドミンゲス、オスカル …… 203
トムソン、フィリップ …… 52

ナ行

ナットル、ジェフ …… 145
ニーチェ、フリードリヒ …… 184–185, 187
ニール、ナイジェル …… 16, 127, 132–139, 141–146, 157

索引

人名・グループなど

ア行

アイゼンハワー、ドワイト・D …… 81
アウグストゥス …… 51
赤い旅団 …… 143
アトウッド、マーガレット …… 161–166, 168, 169
アルチュセール、ルイ …… 158
イーノ、ブライアン …… 123, 126, 129–131
イーバート、ロジャー …… 93
怒りの旅団 …… 143
イリガライ、リュス …… 167
ウィアー、ピーター …… 203
ウィトルウィウス …… 51
ヴィンセント、ジーン …… 57
ウェルズ、H・G …… 41, 45, 47, 52, 58, 124
ウエルベック、ミシェル …… 48
ウッダード、ベン …… 167
エイヤー、アルフレッド …… 129
エッシャー、マウリッツ …… 73
エリオット、T・S　58
エルンスト、マックス …… 41, 203
オットー、ルドルフ …… 48

カ行

ガーナー、アラン …… 16, 112, 127, 132–134, 147–149, 152, 153, 156–159, 163, 185
カウフマン、フィリップ …… 125
ガタリ、フェリックス …… 167
ガロイ、ダニエル・F …… 74
カント、イマヌエル …… 36, 63
キア、アンドリュー …… 146
ギブソン、ウィリアム …… 124, 141
キャンベル、ラムジー …… 40
キューブリック、スタンリー …… 181–184, 193
キリング・ジョーク …… 143
ギルレイ、ジェームズ …… 56
クルート、ジョン …… 67
グレイザー、ジョナサン …… 161, 163, 172, 174
コラヴィト、ジェイソン …… 35
コンスタブル、ジョン …… 124

サ行

サイバネティクス文化研究ユニット …… 63

マーク・フィッシャー（Mark Fisher）

一九六八年生まれ。ハル大学で哲学の修士課程、ウォーリック大学で博士課程修了。ゴールドスミス大学で教鞭をとりながら自身のブログ「K-PUNK」で音楽論、文化論、社会批評を展開する（死後刊行されたその単行本の邦訳は、二〇二三年にPヴァインより刊行予定）。『ガーディアン』や『ファクト』、『ワイアー』に寄稿しながら、二〇〇九年に『資本主義リアリズム』（セバスチャン・ブロイ＋河南瑠莉訳、堀之内出版、二〇一八年）を発表。二〇一四年に『わが人生の幽霊たち』（五井健太郎訳、Pヴァイン、二〇一九年）を、二〇一六年に『奇妙なものとぞっとするもの』（五井健太郎訳、Pヴァイン、二〇二二年）を上梓。二〇一七年一月、四八歳のときに自殺する。邦訳にはほかに、講義録『ポスト資本主義の欲望』（マット・コフーン編、大橋完太郎訳、左右社、二〇二二年）がある。

五井健太郎（ごい　けんたろう）

一九八四年生まれ。東北芸術工科大学非常勤講師。専門はシュルレアリスム研究。訳書にマーク・フィッシャー『わが人生の幽霊たち――うつ病、憑在論、失われた未来』（Pヴァイン、二〇一九年）、ニック・ランド『暗黒の啓蒙書』（講談社、二〇二〇年）、『絶滅への渇望』（河出書房新社、二〇二二年）、共著に『統べるもの／叛くもの――統治とキリスト教の異同をめぐって』（新教出版社、二〇一九年）、『ヒップホップ・アナムネーシス――ラップ・ミュージックの救済』（新教出版社、二〇二一年）など。

奇妙なものとぞっとするもの
——小説・映画・音楽、文化論集

2022年12月16日　初版印刷
2022年12月16日　初版発行

著者　マーク・フィッシャー
訳者　五井健太郎

装丁　鈴木聖
編集　野田努＋小林拓音（ele-king）
編注協力　坂本麻里子
協力　須川善行／栗原玲乃

発行者　水谷聡男
発行所　株式会社Pヴァイン
〒150-0031
東京都渋谷区桜丘町21-2 池田ビル2F
編集部：TEL 03-5784-1256
営業部（レコード店）：
TEL 03-5784-1250
FAX 03-5784-1251
http://p-vine.jp

発売元　日販アイ・ピー・エス株式会社
〒113-0034
東京都文京区湯島1-3-4
TEL 03-5802-1859
FAX 03-5802-1891

印刷・製本　シナノ印刷株式会社

ISBN　978-4-910511-31-3